JN066437

あなたは、あなたなりに生きれば良い。

早稲田大学名誉教授
加藤諦三

三笠書房

はしがき

自分の「無意識」に気づき認めれば、生きるのがラクになる

世の中には、客観的には結構恵まれているのに、慢性的に不幸な人がいる。そうした慢性的に不幸な人でも、ちょっと見方を変えるだけで、幸せになれる人も多い。でもその「ちょっと」がなかなかできない。

その「ちょっと見方を変えることの障害」になるのが、ドイツの著名な精神科医カレン・ホルナイの言う「内なる障害（inner obstacle）」である。[1]

その人の無意識に「内なる障害」があるゆえに、ほんの少しの頭の切り替えができない。「外の障害」ではない。

その「ちょっと見方を変えること」ができるかできないかが、その人の人生を決め

る。つまりその人の「無意識のなにか」が、その人の人生を決めるのである。

◆人は「感情」をねつ造する

「苦しい」「つらい」「傷ついた、傷ついた」

と騒ぐ人がいる。

しかしこの「苦しい」という言葉の裏にあるのは「苦しい」ではない。

人は苦しい、つらい、傷ついたと言っているとき、実は心の底では誰かを批判している。

直接その人を批判できないから、間接的な表現として「苦しい」と言っているだけである。

もちろん本人もそのことに気がついていない。無意識にあるのは、批判、非難であるが、意識の領域では「苦しい」である。(2)

他人を非難する手段が「苦しい」という叫びである。

他人が自分を苦しめているときには、他人が自分の幸せの妨害になっていることはすぐに理解できる。

しかし、自分が自分の幸せの妨害になっていることはなかなか理解しにくい。

他人が自分を苦しめているのではない。

自分が自分を苦しめている生き方を選んでいるのだということに気がつかない限り、死ぬまで幸せになれない。

厄介なのは、それが無意識で起きていることである。

◆無意識で「死んでも苦しみを手放さない」という人

「死んでも苦しみを手放しません」と〝無意識〟で思っている人は世の中に多い。もちろん本人はそれに気がついていないし、周囲の人から言われても認めない。

私は20代で『俺には俺の生き方がある』という本を書いて以来、半世紀以上人々の悩みに接してきた。ラジオの「テレフォン人生相談」だけでも半世紀のあいだ相談相手になっているが、無意識で「死んでも苦しみを手放しません」と思っている人の多さと、そのしつこさには驚くほどである。

もちろん相談者は、自分の「無意識」に気がついていない。

自分のほうが、いまの苦しみにしがみついているとは思っていない。


もし、「死んでも苦しみを手放しません」という無意識での思いを自分で意識化することができれば、幸せへの道が拓ける人は多い。

「死んでも苦しみを手放しません」と、無意識で苦しみに固執している人が、「自分は苦しみに固執することでなにを守ろうとしているのか？」と自分にもし問うことができれば次第に道は拓けてくる。

「私の内なる障害はなにか？」

それを考えるのが幸せへの鍵である。

「内なる障害」を乗り越える、それがこの本の目的である。

加藤諦三

もくじ

4 なぜ、苦しいのに「頑張らずにいられない」のか？
――あなたの無意識に気づけば「ムダな努力」を手放せる

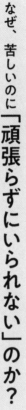

5 なぜ、そんなに「他人のことが気になる」のか？
――人間関係は無意識で9割決まる

6 人はなぜ、同じ悩みばかりを繰り返してしまうのか？
――問題解決の糸口は親子関係にある

7 なぜ、恵まれているのに「幸せを実感できない」のか?

――自由な心を縛る〝見えない鎖〟から自由になる

10

「心の視野」が広がるマインドフルネスな生き方

――「視点を増やすこと」がすべての突破口になる！

1

なぜ、あなたは

いつまでも「変われない」のか？

――あなたの不幸は、〝無意識で〟あなたが選んでいる

精神分析学の創始者ジグムンド・フロイドは悲観的に「人は常に苦しみたがる(Men will always want to suffer.)[1]」と言う。

それを聞けば多くの人は「私は苦しみたがっていない」「私は幸せになりたい」と思うだろう。

同じようなことを言っているのはフロイドばかりではない。カレン・ホルナイも、「人は不幸に伴う感情にしがみつく」と言う。「拡散した外化」である。心の中で起きている心理過程を、その人自身の外側で起きていることとして経験する傾向である。

たとえば、ある人は心の底でやりきれない虚しさを感じている。生きる虚無感にたえられない。その自分の人生の虚しさを直接感じるのではなく、友人の死や日常生活を通して感じている。

友人で社会的に活躍していた人を僻《ひが》んでいる。その友人が死ぬ。すると「死んでしまえば、社会的成功なんて、どうってことない」と言う。どこか心が安心する。

いろいろな友人の人生を解釈することに自分の虚無感が表現される。いろいろな人生があったけれども、結局人生なんて「どうってことない」と解釈することで、自分の人生の虚無感を防衛する。そのことで、かろうじて自分をこの世の中につなげている。(2)

こういう場合でも多くの人は「私は不幸に伴う感情にしがみつかない」と言うだろう。

しかし、肉体的な病気と違って、心理的な病気は「正しく」意識するのは難しい。多くの人は自分の心を間違って解釈している。

誰にでも理解できる病気と理解できない病気がある。

39度の熱が出た。誰でも病気だと理解できる。しかし心理的な病気は違う。

たとえば、依存症である。依存症は「否認の病」ともいう。ギャンブル依存症があっても「自分はギャンブル依存症ではない」と言い張る。だから、ギャンブル依存症の治療には、本人ではなく周囲の人が相談に来ることが多い。

心理的な病については本人が「私は健康」と言い張りやすい。

肉体的な場合は違う。39度の熱で「私は健康」と言い張り、寒い中をジョギングする人はいない。

「人は常に苦しみたがる」「人は不幸に伴う感情にしがみつく」という言葉を聞けば、「私は違う」と言うかもしれない。しかし残念ながら、その通りなのである。

意識では「人は常に苦しみたがる」「人は不幸に伴う感情にしがみつく」とは思っ

ていない。しかし「無意識」ではそう感じている。

フロイドがなんと言おうと、カレン・ホルナイがなんと説明しようが、多くの人は、「人は常に苦しみたがっている」と思っていない。意識ではどうであれ、自分が無意識で苦しみたがっていることに人は気がつかない。

しかし、自分の意識では「幸せになりたい」と願っているが、無意識では自分が苦しみたがっていることに気がつかないかぎり、死ぬまで幸せにはなれない。

◆心の奥底にある「本当の痛み」に目を向ける

誰でも苦しみたくはない。自分だって苦しみたくはない。それなのに自分は呆れるほど苦しみに固執している——。それに気がつけば世界は変わる。ところが苦しんでいる人はなかなかそれを認めない。

それは、自分が苦しみにしがみついているということの態度が理解できていないからである。それは幸せになりたいと思っているということの、生きる態度の本質が理解できていないからである。

多くの人が願っている、「幸せになりたい」という心構えは、それにふさわしい努力をしないで、幸せになりたいということである。

「私は苦しみたがっていない、幸せになりたがっている」ということの意味は、煙を避けて焚き火にあたりたいということである。

カレン・ホルナイの言葉を借りれば、〝神経症的要求〟である。

要求が非現実的で自己中心的なのである。

実は自分は、無意識の世界では「自分の心の葛藤から逃げようとしている」のだと気がつけば、世界は変わる。自分は真の自分の心の葛藤から目を背けようとしていると気がつけば、未来は変わる。

もし、それに気がついて「自分が、いまのこの苦しみに固執するのはなぜか?」と真剣に考えれば、自分の心の底がわずかに見える。自分の心の底の底を素直に見つめるとすれば、自分の人生は変わり始める。

もちろん大変難しいことであるが――。

これほどまでに苦しんでもなお、自分が守ろうとしているのはなんなのか？
そしてそれは本当に守る価値があるものなのか？
もしかして、ただのガラクタではないのか？
いや、それ以上に猛毒のものではないのか？
私はなにかに騙《だま》されているのではないか？
私はなにか妄想を持っているだけのことではないのか？
もしかして「私はただなにかを間違って学習してしまっているのではないのか？」。
ただそれだけのことではないのか？
「人は常に苦しみたがる」というフロイドがおかしいのか？
それとも自分のほうがなにか勘違いしているのか？

自分の「無意識」の心の葛藤に直面するなら、その疑問は溶け始める。

◆「人生は幸せになるようプログラムされている」という幻想を捨てよ

「人は常に苦しみたがる」「人は不幸に伴う感情にしがみつく」というフロイドやカレン・ホルナイと自分の考え方が違うのは、自分の人生に対する要求が非現実的で、現実無視だからである。

生まれて以来心身ともに虐待されて生きてきて、心の底から「幸せになりたい」と叫んでいる人もいるだろう。「苦しみたがっている」などとんでもないと思うに違いない。

しかし、人生は幸せになるようにプログラムされているのではない。
そこが重大なところである。
幸せになるようにプログラムされていると〝錯覚している人〟が多い。
自分には怖いものがある。恐れているものがある――。それが、その人の人生の現実である。

それなのに、その人は「自分の人生に怖いものがあってはいけない」とひとりで勝手に思い込んでいる。自分の人生に怖いものがある「べきでない」と思っている。

その人の根底にある人生観が間違っている。そういう人は独りよがりの現実無視の人生観に頼って生きようとしている。肉体的には大人になっても心理的には自立できないまま、皆が自分のゆりかごを「揺するべき」と思い込んでいる。

それが間違った思い込みであることに気がつかないし、気がつきそうになると、無意識が抵抗して認めない。

そして、「人生は幸せになるようにプログラムされているのではない」という現実を受け入れて生きている人の努力の結果としての人生と、わがまま放題で自己中心性の自分の人生の結果と比較して、自分の人生に失望する。

母親の愛に育まれて成長する人もいれば、冷たい母親に「お前なんか産まなければよかった」といじめ抜かれて成長する人もいる。

父親から自立に向かって励まされて成長する人もいれば、父親から自分の存在を否定されて「お前なんか生きている価値がない」としつこく嫌味を言われながら、心身ともに殴られながら成長する人もいる。

自分がいなければ、親は間違いなく自殺していたというほどすごいサディズムに痛めつけられながら、自らはマゾヒズムの役割を背負って成長した人もいる。

地獄の火あぶりの試練に耐えることでしか生き延びられない人もいる。愛のあるコミュニケーションの中で成長した人もいる。

人はそれぞれ違った運命を背負って生まれてくる。

自分の運命を生きることが、自分の人生を生きることである。

◆あなたが変われないのは、「変わらないと決めている」から

人は自分の心を誤解している。その例として、人の意識と無意識は違うという実例を挙げたい。

ある本に、ジェイという麻薬依存症患者の話が出ている。(3)

彼は母親といるとき、なぜだかわけが分からず不快であった。なんとなく不愉快なのである。自分の人生はうまくいかない。彼は自殺未遂をしている。このような環境の中で彼はヘロインを始めた。

彼はもしニューヨークの母親のところに行けば、同じことが起きることを怖れた。それゆえに彼は病院を出るときはカリフォルニアの父親のところへ行くことを望んだ。そして行くことに決めていた。病院を出る3週間前に母親にはそのように手紙を書いた。

父親はカリフォルニアに、母親はニューヨークにいたのである。

しかし、結局彼はこのプランを破棄した。病院を出るとき、彼は意識ではカリフォルニアの父親のところに行くことになっていた。

しかし、無意識ではニューヨークの母親のところに行こうとしていた。もちろん彼はそれに気がついていない。

彼はよい判断をしていたにもかかわらず、ニューヨークの母親のところに行ってしまった。

彼は口ではなんと言おうと、無意識では「私は変わりたくない」と、変わることを拒否していた。

人は自分の無意識を意識できない限り、無意識には勝てない。

しかし母親はボーイフレンドと住んでいて彼の部屋はなかった。そして彼は祖母のところに住む。

やがて母親がボーイフレンドと上手くいかなくなって彼は母親のところに戻る。そして退屈し、不幸であり、再び薬に戻ってしまった。

これといって特別の理由がない。あるのは、母親と息子のナルシシスティックな束縛関係である。

ジェイは祖母のところにいたときには働いて、健全な人間関係を築いていた。でも母親のところに戻る。そしてドラッグを始める。

自分を無条件にかばってくれるもの、自分と第一次的につながっているもの、そうしたものから離れることはつらくてできない。しかしつながっていることもまた不快になってくるのである。

◆「いつもダメなほうへ行ってしまう人」はエネルギーの使い方を間違っている

自分の中にある「自分が成長することを妨害する力」。それがいかに強いかということに、私たちは気がついていない。自分の「退行欲求」の強さに気がついていない。

ここが神経症的傾向の強い人の最大の問題である。

不幸になる人は自分のエネルギーの使い方を間違えている。

自分を消滅する方向にエネルギーを使う。

それに気がついてくれれば、人々は幸せに向かって歩き始められる。

世界はもっと平和になる。

フロイドは、「無意識」が意識に上がることに抵抗することを「レジスタンス」と言った。その力のものすごさに悩んでいる人自身は気がついていない。

この本は、自分の心を正しく理解するための本である。無意識にある「成長を妨害する力」を理解するための本である。

神経症的傾向が強い人は意識では、自分の神経症を本当になおしたいと思っていることもある。

ところがなおしたいと思っているのは〝現象〟である。

たとえば、クヨクヨ悩む。クヨクヨ悩む性格をなおしたい。

しかしそれは現象である。それはなおしたいが、無意識の隠された怒りはなおすつもりはない。

原因はそのままで、結果をなおしたいという願いである。食べたいだけ食べるが、太りたくない。肥満は解消したい。しかし適正な食事や運動はしたくないということである。

そこで「自分は本当になおしたい」と思っていると思ってしまう。確かに意識の領域では「自分は本当になおしたい」と思っている。

人と仲良くしたいが、自己中心的人柄はなおさない。

病気をなおしてくれ。それに嘘はない。しかし「手術は嫌だ」と言うようなものである。

「自分のなにが問題なのか？」を理解すれば人生の先は輝いている。

まわりの人と上手くいかないのは、無意識にある独りよがりの正義感かもしれない。意識の領域では正義感でも、無意識の領域では復讐心であるというだけのことかもしれない。

「私はこう思っている」ということと、「私が本当にそう感じている」こととは違う。そのことに気がつくだけで、行き詰まった人生が拓ける。

「もし彼らが自立したいなら、そして過敏に傷つきたくないなら、あるいは人々に愛されたいなら、自分の自分に対する態度を変えなければならない。彼らはそれを理解することを無意識に拒否している。(4)」

この本で理解してもらいたいのは、自分はなにを無意識に拒否しているのかということである。

2

なぜ、「前向きになれない」のか？

――あなたの無意識の「怒り」を見つける。

それが前へ進む勇気になる

アメリカの心理学者ジョージ・ウェインバーグの著作の中に次のような詩があった。

「名声を求めているものは、愛を求めているのだ」

意識では名声を求めて頑張っていても、無意識では愛を求めている。

意識で求めている名声への欲求は、「反動形成」であるから強烈である。無意識にあるのは深刻な劣等感である。

その人の心を乱すものは、「反動形成」としての名声である。名声を得ても満足できない。逆に名声が得られないと深く失望する。

「人類の悩みを救いたい」などというメサイア・コンプレックスのような途方もない望みを持つのは、無意識にそれだけ深刻な劣等感があるからである。

壮大な自己イメージは、無意識にある深刻な劣等感からくる反動形成である。

野心的な人はいつも緊張が解けない。「実際の自分」を自分が受け入れていないからである。

頑張りすぎて自分の健康をダメにし、賞賛を求めすぎて協力してくれる人まで敵にまわしてしまう。

なぜそこまで野心を持ったか？

それは、「自分がひどく劣等に思えるので、名声や富や力なくては人生は耐えがたいという連中なのだ[1]。」

まさに常に苦しみたがっている。ところが、苦しむのをやめようと思っても、その人の無意識はそういう生き方の障害になっている。幸せになる努力をなぜか妨害する。その無意識にある障害に気がつき、それを認めない限り、死ぬまで頑張っても幸せにはなれない。

自分が自分以外のものになろうと頑張ったりしないで、自分は自分であると感じ、他の人と比較しないで自分の人生に満足し、地道な努力を続ける。

そうすれば不安や緊張に苦しめられない。

◆「隠された感情」は、悩みとなって表れる

うつ病患者の自己憎悪の激しさは、実は周囲の人への憎悪の激しさである。

「苛酷な自己批判や残虐な自己蔑視などは、根本的には対象に向けられたものであり、対象への復讐を表しているということはうつ病の分析から得られる。[2]」とフロイドは指摘するが、その通りである。

抑うつ状態に苦しんでいる人がいる。隠された敵意、隠された怒りが原因である。しかし、その怒りはあくまでも無意識にある。その隠された怒りを意識するのは容易なことではない。

そこで理由も分からないままに、苦しんで、苦しんで、ただただ苦しみ抜いて生きている人もいる。

自分が本当に憎悪しているのは自分の近くにいる周囲の人であるということを意識に載せない限り終わりなき憂うつが消失することはない。

怒りは3つの反応の仕方をするとカレン・ホルナイは言っている。[3]

先ず、「心身の不調」である。具体的には疲れやすい、偏頭痛、胃の不調等々である。

次は、復讐的になる。

そして最後が、「惨めさの誇示」である。「傷ついた、傷ついた」と騒ぐ。「つらい、つらい」と騒ぐ。

はしがきでも述べたように、人が「傷ついた、傷ついた」「つらい、つらい」と騒ぐのは、日頃の怒りの表現である。

彼らにとって「つらい！」と叫ぶことは、憎しみの間接的表現でしかない。

「苦しみは非難を表現する手段である[4]」とカレン・ホルナイは言う。

苦しんでいる人にとっては苦しむことが救いである。それは苦しむことが怒りを表す手段だからである。

怒りは、正義などさまざまな種類の〝仮面〟を被って登場する。

そのときに「怒り」に正当性がなければないほど、怒りは誇張される。被害が強調される。

しかし、怒りの仮面となるのは「正義」ばかりではない。「惨めさ」などもそうである。

交流分析（人の心と行動を快適にする心理学）で「慢性的不快感情」をラケットというが、慢性的不快感情とは惨めさの誇示である。惨めさの誇示は、元々攻撃性の間接的表現である。

さらに自分の惨めさを誇張することで周囲を操作している。

また、攻撃性はよく「悩み」という仮面を被って登場する。

たとえば、不眠症という仮面を被って登場する。

「眠れない」ということが、即そのまま不眠症というわけではない。その人が眠れないという事実を悩み出したときに、眠れないことが不眠症になる。

眠れないということをすごく悩む人もいるし、眠れないということをそれほど悩まない人もいる。

それは、眠れないということばかりではない。病気がそうである。

眠れないということを延々といつまでも嘆いている人がいる。延々と嘆くことで隠された敵意や怒りを間接的に表現している。

無意識に抑圧された怒りや敵意が、病気という仮面を被って登場している。これが異常なまでに病気を嘆く人である。

止まらない嘆きは怒りの間接的な表現である。

だから周囲の人が「いくら嘆いていても病気はよくなりませんよ」とアドヴァイス

をしても嘆くことを止めようとはしない。

嘆くことは、その人の感情表現だから、嘆くことを止めるわけにはいかない。直接的に表現できなかった隠された怒りがある限り、その人は嘆き続ける。

嘆くことで怒りの感情は吐露されている。溜まっていたマイナスの感情を放出しているのだから、嘆くことは心地よいのである。

現実の苦しみは同じであっても、それに伴う心の苦しみは人によってまったく違う。

不幸は偽装された憎しみである。自分が不幸であることで憎しみを晴らしているのである。不幸にしがみついている人は、不幸になるより他に憎しみを表現する方法が分からないのである。

周囲に自分が不幸であることを誇示することで、憎しみの感情のはけ口を見つけている。「私は不幸です」ということは「私は悔しい」ということである。

◆なぜ人は「悩み続ける」のか

「ただ嘆いてだけいないで前向きになれ」というようなことは昔から言われている。積極的な考え方の重要性を最初に提唱したのはアメリカの牧師であり、作家のノーマン・ヴィンセント・ピールだと思っている人が多い。だが、約50年間聖職者の地位にあったピール博士自身が、使徒パウロがずっと前に同じことを言っていたと述べている(5)。

つまり、「前向きなこと、楽しいことを考えよう」とは紀元前からすでに言われているのである。昨日、今日言われたことではない。

しかし、何千年を経ても、「隠された敵意」がある人は前向きになれない。楽しいことを考えようとしない。生産的になれない。

「前向きなこと、楽しいことを考えよう」は、〝成長欲求〟である。しかし人は、誰でもその成長欲求にしたがって生きていけるわけではない。

その「成長欲求」と矛盾する「退行欲求」が無意識にある。

なぜ悩み続けるのか？

それは問題の解決に努力するよりも、問題を嘆いているほうがはるかに心理的に楽だからである。

問題の解決に向かうためには、その人に自発性、能動性が必要である。

しかし問題を嘆いているのには、自発性、能動性は必要ない。なによりも嘆いていることで「退行欲求」が満たされる。

退行欲求とは、その場の満足を求め、負担から逃れたいという欲求で、要するに、小さな子どもが母親に完全に身を委《ゆだ》ねて、安心しきって甘えられるというような欲望のことである。

人が「成長動機」で行動するか、「退行動機」で行動するかというときに、退行動機で行動するほうがはるかに心理的には楽である。

だから人は嘆いているのである。解決する方法がないのではない。しかしそれよりも退行欲求にしたがって嘆いているほうが居心地がいい。

悩んでいる人はだいたい退行欲求にしたがっているから、対処能力がない。

このような人にいくら「前向きなこと、楽しいことを考えよう」とすすめても意味がない。アルコール依存症の人に「お酒を飲むのをやめましょう」というようなものである。

「前向きなこと、楽しいことを考えよう」は意識の領域での思いである。その人の無意識の領域では「いつも苦しみたい」である。

そして人は「いつも苦しみたい」し、その苦しみに固執する。

神経症的傾向が強い人はこの立場に固執する。

小さいころから「ありのままの自分」を受け入れられていないから。

これは難しいことだが、自分の能力を受け入れれば救われる。

しかし一度も「ありのままの自分」を受け入れられた体験がない。

適性、発達の程度、能力の限界、すべて無視されて、失望された。

「ありのままの自分」を受け入れてくれないような人との関係の中に生きていた。

自分を固有の存在として認めてもらった体験がない。自分を固有の存在として体験したことがない。

その結果、自分自身が「ありのままの自分」を受け入れることを拒否した。そして自分からあえて苦しい人生を選択した。

「ありのままの自分」を拒否するたびに「ありのままの自分」には価値がないという感覚を強化する。

◆自分に対する「自分の態度を変える」

人間の幸せにとって大切なのは、その人の意識ではなく、その人の無意識である。

その人は小さいころから自分は許されない存在だった。

その許されない存在だった過去が、現在の物事の解釈を悲観主義的にする。

深刻な劣等感のある親や、神経症的傾向の強い親などに育てられると、無意識の領域で、「私は嫌われている」と感じるようになる。

世界は私に好意的ではないと感じるようになる。その人自身も世界に好意的でないと感じるような人間になってしまう。

その結果、「前向きなこと、楽しいことを考えよう」ではなく「いつも苦しみたい」になる。

深刻な劣等感のある人は、「歪《ゆが》んだ現実認識」を持っている。

前向きなこと、楽しいことを考えられる現実にいても「いつもつらい」。

自分に対する自分の態度を変える。

批判的なまなざしでなく好奇のまなざしで見る。それが成長のひとつの鍵。

自分の心の居場所がない場所から、心の居場所のある場所に引っ越すこと。

いまの人間関係を変えること。変える準備をすること。

リフレッシュするとは、体を動かすことだけではなく、心を動かすこと。

自分がどこにいても光っていることに気がつくかもしれない。つらい人生を必死で生きてきた歴史が表われているから。

真実から目をそらして悩みの解決を求めるのが神経症者である。

現実に直面する、自分の無意識に直面する以外に悩みを解決する方法はない。

過去の自分を考える。なにをしてきたのか、なにをしてこなかったのか。

そうしたら「いまにいいことあるさ」と前向きになる。

その結果、「いつも苦しみたい」ではなく「自分が楽しく生きてみよう」になるかもしれない。

◆心の状態を「きちんと見る」だけで……

人は、「自分自身に絶望している」という事実と向き合うことはなかなかできない。

たとえば、人は自分の無意識にある「絶望感」から目を背けるために、力や富や名声を求めて頑張る。体を壊すまで頑張る。頭痛に苦しみながらも頑張る。

腹痛で気分が悪くて、どうにもならなくて燃え尽きるまで頑張る。

そこまで頑張る必要はないと分かっていても頑張らないではいられない。いわゆる強迫性である。頑張るまいとしても頑張らないではいられない。

自分でも命を落としてはなんのためにもならないと分かっている。しかし理性的判断を超えるなにかが働いている。


その人はなにを恐れているのか？

なにがそんなに不安なのか？

もちろん本人には分からない。


その人が無意識で恐れているのは心理的に自立すること。その恐怖感を抑圧する。

心理的な自立とは自分自身になることである。

アメリカの偉大な精神科医デヴィッド・シーベリーは、人間の唯一の義務は、「自分自身になることである」と述べている。さらに、「それ以外に義務はない、自分があると思い込んでいるだけである」と主張している。


つまりいつも悩んでいる人は、自分が自分であることにつまずいていることに気がついていない。

自分が自分自身として生きていないことからくる悩みに苦しめられているというこ

とに気がついていない。

他方、自立への願望もある。その矛盾が無意識の葛藤である。

その矛盾が、焦りである。

いつも悩んでいる人は、自分の無意識にある心理的な自立への恐怖感にも、矛盾にも気がついていない。

無意識だから気がついていないのは当たり前のことであるが、自分に対する絶望感が生じていることに気がついていない。

それらの絶望感に自分が支配されていながら、まったくそのことが分かっていない。

自分に対する絶望感で最も深刻なのは、実は自立の失敗である。そして自分が自立に失敗しているということに、もちろん気がついていない。

大切なのは、自立への恐怖感を抑圧していることに気がついていないことである。

自分の「無意識」にある恐怖感に気がつけば道は拓け始める。怖がる必要もないことを怖がることもなくなるし、恐怖に立ち向かう勇気も出てきて、体調不良が改善されてくることもある。

3 なぜ、「他人の人生」を生きてしまうのか？

――もう、「誰かの期待を満たすため」に生きなくていい

いつも悩んでいる人は、無意識の絶望から目を背けているから、自分が自分を分かっていないばかりでなく、接する相手も分かっていない。

小さいころ、親をはじめ、周囲の人からの破壊的メッセージで徹底的に絶望させられた。それに気がついていない。

適切な目的を持っている人は、無意識に虚無感がない。適切な目的を持っている人は虚無感もないし、自分に絶望もしていない。

それに対して無意識の絶望から目を背けている人は、栄光へと駆り立てられている。彼らにとって最も重要なことが「心の葛藤を解決すること」であれば、実際の自分は無視される。

実際の自分では「心の葛藤」を解決できない。「心の葛藤」を解決しようとすれば、実際の自分は障害になる。

そこで実際の自分を憎み始める。

自分を憎むのは、基本的愛情欲求の欠如が原因と考えられるが、自分の運命に立ち向かう気力がない。

心身ともに気分が悪くて悩んでいる人は自分が想像している以上に、無意識に怒りが蓄積されている。想像もできないほどの怒りが心の底に蓄積されている。

しがみついているのは壮大な自己イメージであるが、それは心の葛藤に直面したくないからである。

本当は自己蔑視《べっし》しているから「自己栄光化」が必要になる。こうありたい自分と「実際の自分」との乖離《かいり》が深刻であり、それゆえに自己蔑視という無意識に直面したくない。

ありのままの自分に失望しているから栄光にしがみついている。

普通の人はそこまでありのままの自分に失望していない。

◆〝正しいボート〟に乗り換える。何度でも

人は毎日の生活の中で屈辱を味わうことが多い。その屈辱が無意識の記憶に凍結される。抑圧される。

その抑圧の結果、焦りが出て、のんびりできない。

孤独と不安と焦りがつながって無意識にどんどん蓄積されていく。

そこで人に優越することで安心を得ようとして、間違ったボートに乗る。

焦って、不得意領域に足を踏み入れてしまう。不得意領域で頑張ってしまう。自分

は「なにに適しているか?」よりも、「世間はなにに権威を与えるか」に関心を持ってしまう。

そして生きることに疲れる。生きるのがつらい、でもボートを乗り換えることは考えない。

自分には間違ったボートに固執する。

しかしその道に先はない。そして破滅。

なぜボートを乗り換えないのか?

唯一の障害は「歪んだ独りよがりの価値観」である。

独りよがりの価値観から生じた絶望から目を背ける。

人は本来、絶望から希望に乗り換えるときに成長する。

ロロ・メイの言う「意識領域の拡大」が起きる、視点が増える、心がふれあう友人ができる、いままで見たこともない世界が見えてくる。

しかし、小さいころに、周囲の人との共感がない人がいる。コミュニケーションがないから人生の土台ができていない。人格の未形成、自我の未確立のままで、歪んだ価値観に固執する。

◆「無理をすること」の大きな弊害

不得意領域で頑張っていると、自分が自分として生きてこないので、心に大きな問題を抱えるようになる。そして人は自分の心に問題があるということを意識しない。心に問題を抱えていると知らないで、つらいけれど頑張って生きている。間違ったことをしているのではなく、立派なことをしていると錯覚している。

心に問題がある人は、生まれてから自分の意志と願望とを捨てて、養育者の意志にしたがって従順に生きてくることが多い。

ときには社会的には見事な適応であろうが、内面は崩壊している。心理的ばかりでなく、さらに社会的にもつまずく場合には、人生が行き詰まる。

そして、その内面の崩壊は外からは見えない。

自分自身もまわりの人も、その人が心に大きな問題を抱えているとは思っていない。

しかし重大なことは、〝サディズム〟が絶望という心理的な土壌から生まれてくるということである。

その人は立派な社会人となった場合でも、官僚やビジネスパーソンとして成功者に見えるが、会社で部下にハラスメント行為をするかもしれない。家ではドメスティックバイオレンスの状態で、狼になって家族に襲いかかるかもしれない。

外から見れば、見事な成功者でありながら、心は破綻している。

自分がサディストであるなどとは思いもよらない。中には自分ほど立派な人はいないと思っていたりする。

だからこそエリートコースを走りながら、些細な失敗で、自死する人が出てくるのである。

大企業や地方公務員という社会的には恵まれていると見えるところでうつ病者が出てくる。

失敗がそこまで大きな影響を持つのは現在の自分に満足していないで生きているか

らである。

不得意領域で頑張っているのでなければ、困難は乗り越えられる。

得意領域で充実感を持って生きていれば、失敗は失敗ではない。落ち込むどころか失敗でやる気を刺激される。

自分でない自分で生きていて、失敗するからイライラする。

人々が気づいていないのは、「自己疎外」された人が失敗したときの恐ろしさである。

自己実現している人が失敗したときと、自己疎外された人が失敗したときとでは、失敗の意味はまったく違う。

失敗した人自身の心に与える影響も違うが、周囲への影響もまた恐ろしく違う。

人は母体の中にいるときには完全な保護のもとにいるが、その楽園は終わり、母親から分離し、次に「個性化」への道を歩き始める。

この個性化が進展すると、無意識の領域に孤独と不安が生じてくる。

自分はひとりではやっていけないかもしれないという不安から逃げた迎合的性格に

なる人は多いし、それで〝いい顔依存症〟になる人もいる。

〝いい顔依存症〟の人は、アルコール依存症の人がアルコールを飲まないではいられないのと同じで、他人に「いい顔」をしないではいられない。

つまり、個性を投げ捨てて服従することが安心への道であるが、その道を歩く人が多い。つまり社会的に見事な適応をする。表面的には立派な社会人となる。

しかし、それはアメリカの心理学者ロロ・メイの言うように「自分自身の強さと統一性の放棄」につながっている。

そして自分が重要な存在とは感じられなくなっている。

その結果、嫌われるのが恐くなる。恐怖感は日々強化されていく。

そして、誰にでもいい顔をするようになり、その「嫌われたくない」は、〝現代のペスト〟になる。

もちろん迎合的性格ではなく、逆に攻撃的性格になる人もいる。不安から人をやたらに攻撃する。

◆「自分には価値がある」という〝安らぎ〟にたどり着くために

よく、「嫌われる勇気」と言われるが、嫌われる勇気ではなく、正しくは「個性化の道を歩く勇気」である。勇気と言ってもよいが、「能力」である。

意味ある人生を生きるために必要とされる能力は、「個性化の道を歩く能力」である。

「無力感」と「依存性」は人間の宿命である。

必要なのはそれに打ち勝つ勇気であり、能力である。その結果、人格が統合されて、気持ちが楽になり、自分のするべきことも理解でき、意味ある人生が送れる。

逆の場合は人生が行き詰まる。個性を投げ捨てて服従し、良い子として社会的に適応するが、「自分自身の強さと統一性の放棄」をしているので、自分が重要な存在とは感じられなくなる。

ロロ・メイが「自己の内なる力を失うときに、どのように恐ろしいことが起きるか？」と書いているが、このことを示唆しているのであろう。

ヒトラー政権時、親衛隊のトップを務めたハインリッヒ・ヒムラーは、父親に服従し、次にはヒトラーに服従し、見事なまでに「立派な社会人」になっている。そしてユダヤ人を殺害した。無力感から、力と支配を求めてサディストになった。

ここが大切なところである。表面的に見れば立派な社会人がサディストになっていることである。

ヒムラーは、人を殺しても、殺しても満たされなかったのだろう。

立派な社会人、サディスト、自己疎外された人、それらの関連を正しく理解することが、豊かな人生を歩むのにはどうしても必要なことである。

世の中には〝小型ヒムラー〟がたくさんいる。だから家庭から学校から会社まで、いじめはなくならない。

表面的には立派な社会人が周囲の人からの些細な批判で激怒する。そして激怒できないときには落ち込んで憂うつになり、立ち上がれなくなる。しかもなかなか立ち上がれない。

いつまでも、いつまでも水の底に落ち込んでいて、上に上がってこられない。じーっと憂うつになったままで、元気が出ない。

こうした心理現象が、その人の内面が崩壊している証拠である。

なんであんな些細なひと言で、そこまで落ち込んでしまうのか、なんであんなにいつまでもじーっと憂うつになっているのか、周囲の人は理解に苦しむ。

周囲の人から見ると不思議な現象であるかもしれないが、彼の心の中を考えれば決して不可思議なことではない。

周囲の人から見ればどうでもいいひと言、どうでもいい失敗が、自己疎外された彼の心の中の絶望感を刺激したのである。そこで激怒した。

彼が頑張ったのは、無意識の絶望感に直面することを避けるためである。

いままでは力や名声などさまざまな方法で、絶望感に直面することを避けることになんとか成功してきた。

悩んでいる人は自分への失望感を味わうことを避ける。自分が自分に絶望しているという感情に直面することを避ける。

自分にとって危険な感情を味わうことを避けるために、「あること」をしなければならないからする——。それが強迫性である。

立派な人としての自己イメージは、彼には絶対に必要なことである。その自己イメージが傷つけられたので、激怒したのである。そして激怒を表現できなければ、憂うつになる。

ピストルを突きつけられれば誰でもしたくないことでも「しなければならない」。このピストルに当たるものが、その人の中にある「危険な感情」である。無意識に追いやった「危険な感情」が意識に戻ってこようとする。それを防がなければならない。その「防ぐためにしていること」は止められない。たとえば、成功への努力である。富を得ることであり、権力獲得である。それが強迫性である。

〝それ〟がなければ生きていけない。心理的に健康な人は〝それ〟がなくても生きていける。生きていくために、必要なものが、神経症的傾向の強い人と心理的に健康な人とは違う。

◆無意識で「自分自身に絶望している人」の口グセ

ある大学教授である。本当の意味での学問上の業績はほとんどない。すると「自分には学問の業績価値などない」という考えを意識から追い払おうとする。

すると、御殿を建てようとして神経症になってしまった。

その人は、学問の世界で自分は失敗者だと勝手に思っている。すると「学問の世界なんてくだらない」と常に言い張る。

心理的に健康な人から見ると、御殿を建てる必要はない。しかし彼にとっては必要なことなのである。

学問の業績は重要で、自分は業績がない、失敗者である。そこでその考えを心の中から追い払おうとする。

「意識からある思考を追い払おうとする行動は、一方でその思考を存続させ、その望まれない思考に付随する印象全体も存続させているのです。(1)」

たとえば、自分を守るために劣等感から人を批判する。世の中はバカばかりだと言って、自分についての、世の中の当たり前の評価を受け入れない。

自分への失望を意識することを妨げるためには、どうしても人を批判するのが彼には必要なことなのである。

自分を偉く見せるのも強迫的名声追求である。無理しているからつらい努力だが、意味はないし、心の底の絶望感は追い払えない。

「status seeker」といわれる人たちがいる。彼らは、自分は有能ではないという感じ方を避けようとして、社会的なステイタスを必要とする。

ジョージ・ウェインバーグは「どんなことでも強迫的な行動」になるという。

「行動そのものが、世界観に動機づけられており、自己不適格感を再生します。[2]」

仕事の勝負を避けて家族にしがみつく。防衛的価値観としての家族愛である。

「社会的仕事の成功なんて意味がない」と言い張る。「家族愛が最高の価値である」と声高に主張する。

しかしそれを主張すれば主張するほど、無意識では仕事ができない劣等感を深刻化させる。

「変わり者」といわれる人にはこの種の人が多い。変わったことをしていれば、世間一般の基準で評価されることを避けていられる。

オーストリアの精神科医ベラン・ウルフの言うように、「独自性の主張」が神経症である。

「変わっていること」を言い張って、世間一般の価値基準で自分が評価されることを頑《かたく》なに拒否する。

ワーカホリックなどもそうであろう。アルコール依存症の人とワーカホリックの人とは心理的には同じである。自分への絶望感を避けるためのアルコールであり、仕事である。

4

なぜ、苦しいのに「頑張らずにいられない」のか？

――あなたの無意識に気づけば「ムダな努力」を手放せる

不安を克服しようとする努力によって、人はますます不安になっていく。問題は努力そのものではなく、「努力の動機」である。

ますます不安になる動機とは、「他人以上の優越性と力を得ようとする」ために努力することである。このような努力によってますます不安になる。

悔しいとき、つらいとき、苦しいとき、「なぜ、こんなに頑張って努力するのか？」と自分に問うことである。

そして、「自分はその努力によってなにを得たのか？」。そこが理解できれば、それから先の道を誤らない。

「他人以上の優越性と力を得ようとするための努力」が、自分の無意識に葛藤があることを教えてくれるということに気づけば道は拓ける。

人は、しっかりと「自分」を自覚していない限り、無意識の必要性によって動かされてしまう。

端から見ていると、「なんであんな愚かなことをするのだろう」と思うかもしれない。しかし、その人の立場に立って考えれば、そうせざるを得ない不合理な感情がある。

カレン・ホルナイはそれを「感情的盲目性」と呼んでいる。

そして「感情的盲目性は無意識の必要性から生じている(1)」と言っている。

人は、この無益な努力、有毒な努力によって、自らの運命を改善することに使われるかもしれないエネルギーをムダにしている。

「麻薬は、人間の運命を改善につかえるかもしれない大量のエネルギーが無益に失われてしまうことに責任を負っているのだ。[2]」

麻薬だけが、人間の運命を改善に使えるかもしれない大量のエネルギーを無益に使っているのではない。人は強迫的な名声追求のエネルギーも同様に無益に使っているのである。

あるいは、独自性を主張して、適切な目的に向かってふさわしい努力をしない人も同じである。

「自分自身でない自分で生きること」は、麻薬と同じである。尊いエネルギーを無意識で無益に使っている。

多くの悩んでいる人は、自分の悲劇的な運命を自分が招いている。

「自分自身になろう」とすることで自己肯定感と成長への意欲が生まれる。生きるエネルギーが生まれる。そしてエネルギーも有益に使われる。

だからこそシーベリーは、人間の唯一の義務は、「自分自身になることである」と述べている。さらに、「それ以外に義務はない、自分があると思い込んでいるだけである」と主張している。

重要なことは、他人が自分をどう思うかではなく、自分が自分自身を自分で確認できるかどうかである。

「自分はこの人生でなにをしたいのか？」である。

自分自身になれない人の愛とか誠意はすべて偽りである。

自分が自分自身になれない人は、虚無感から他人を巻き込んで自分の人生を活性化しようとする。自分の無力感から、他人を支配しようとして、愛という名の仮面を被ってサディストになる。

しかも恐ろしいことは、自分がサディストであることに気がついていないし、気がついても認めない。

◆「無意味だった人生」に価値を与えよ

自分が自分ではないところで安住しようとする人がいる。

「あたかも自己喪失の状態にのみ安住の地があるかのように[3]」生きている人がいる。

自己喪失した人は、「ありのままの自分には価値がない」と無意識で感じている。

そうした自分への失望感から意識をそらせている。意識では「自分には価値がある」であり、無意識では「自分には価値がない」である。

しかし、人は自分の無意識には勝てない。

「自分自身にかけられている否定的な暗示に気がつくことから、治療は始まるのです。[4]」

「汝のなるべきものになれ」というシーベリーの言葉で、迷いを吹っ切れば、空は次第に晴れてくる。人がどう思おうと自分の人生に意味が吹き込まれる。

真面目で一生懸命に努力しながらも、ことがまずく運んでいる人がいる。そういう人は、自分の意識的努力に問題があるのではなく、自分の無意識に問題がある。原因は自分の心の奥底の無意識にある絶望感である。あるいはその人の心の底の依存性とか敵意とかが人間関係をつまずかせている。

そういう人は具体的にはなにも悪いことをしなくても生きるのが苦しい。リストラ、治りにくい病、失恋、交通事故等外の障害は目に見える。しかし無意識の世界で起きていることは目に見えない。

◆すべての悩みは「自分が自分自身でなくなった」から

人間関係に苦しんでいることの原因は、無意識の領域の葛藤であって、意識の領域の問題ではない。

悩みの原因は、「自分が自分自身ではなくなったからだ」とシーベリーは言う。

シーベリーばかりではない。ロロ・メイは、「自分自身であろうと決意することは、人間の本当の使命である。[5]」と言っている。

これらの言葉は分かっていても、なかなか実行はできない。それは、無意識は無意識であって、「自分が自分自身ではない」と分かっているのは無意識の領域だからである。

常に悩んで苦しんでいる人は「自分が自分自身ではなくなったからだ」と気がついていない。人は、錯覚に、錯覚を重ねて、ますます迷路に入り込む。

外から見れば、そういう人は社会的に見ればエリートコースを突っ走っている「強い人」のように見えることがあるかもしれないが、心を見ればまったく様子は違う。

逆に社会的に成功しているわけではないが、外から見ると心理的に安定している人がいる。

安らぎから前向きに生きるエネルギーがあるので、そういう人には心のふれあう仲間がいる。共同体の中の個人としては成功しているのだろう。人に優越しようと頑張ってもいない。

逆に社会的に成功している人であるが、小さな歪んだ世界に取り込まれている場合がある。心のふれあう仲間がいない。その人の無意識は、「不安という悪魔」に乗っ取られている。

◆「人生の虚しさを認めること」は負けじゃない

他人を前に完全な自分を演じようとするのは、それによって自分は無価値な人間であるという「無意識」にある感情に、自分が直面することを避けようとしているからである。

彼は完全に錯覚した幻想の世界に取り込まれてしまっている。いま自分がいる世界以外の世界は考えられない。

「私は自分の人生に絶望している」——彼にとってこの唯一の「本当の感情」に気がつけば、絶望の世界が、希望の世界に通じる。

そうすれば、心底元気になる可能性がでてくる。それは自分の得意領域で活躍すればいいのだと感じるからである。

世の中には、いま自分のまわりにいる人達とはまったく違った価値観の人達がいるのだと気がつけば、絶望感は古い世界の出口であり、新しい世界への入り口になる。

人生に行き詰まったときには、自分の無意識の価値観を反省する。自分の無意識にある価値観の歪みに気がつけば、道は拓ける。

ただ、もちろんこれは大変難しい。無意識だからである。しかしどう頑張って努力してもうまくいかないのは、無意識に問題を抱えているときである。

人の救済に重要なのは、心の葛藤も、虚無感も、そのままに感じることである。自己欺瞞しないことである。

心の葛藤も、虚無感も、その人のそのままの本当の感情なのである。

自分の価値を防衛するためにいろいろと画策しないで、自らの人生の虚しさをそのままに感じることが、重要なのである。

5 なぜ、そんなに「他人のことが気になる」のか？

――人間関係は無意識で9割決まる

意識の上では周囲の人に従順に接しているつもりなのに、無意識下では「敵意」がある。意識では控えめに遠慮して生活しているのに、無意識には敵意がある。

社会的に立派な大人として生活しているのに、無意識では、わがままな幼児のまま。

アメリカの心理学者アブラハム・マズローの言う「疑似成長」である。

自分では一生懸命に人に親切にしているつもりでいる。それなのに周囲の人の反応は期待した反応とは違う。望んだように人に好かれない。

それは、その人の無意識に、深刻な劣等感があるからである。劣等感の現象のひとつは「人間嫌い」である。つまり実はその人は周囲の人が嫌いなのである。

ただそのことに本人は気がついていない。

相手はその人の無意識の敵意、劣等感に反応している。だからその人は頑張っても、頑張っても期待したように好かれない。望むような人間関係ができない。

意識の上でどんなに親切にしても、相手はその人の無意識に反応するから、楽しい人間関係は形成されない。

すると「自分がこんなに頑張っているのに」とますます不満になる。

友人、同僚、部下ばかりではない。親子でいえば親は子どもにますます不満になる。夫婦でいえば、相手にますます不満になる。

夫や父親の「俺がこんなに頑張っているのに」という気持ちに嘘はない。しかし相手はその人の頑張っている態度に反応しているのではない。その人の無意識の敵意や劣等感に反応しているのである。

◆「もっと愛してほしい」執着の正体

権威主義的な親に従順な子どもは、「依存と頼りなさの過度な感情」を持つ。服従によって意識的には安定するが無意識においては不安。服従と敵意は同じコインの表と裏、だから感情は不安定である。

「依存と頼りなさの過度な感情」を持った人ほど他人が重要になりすぎる。そしてその頼りなさから、他人のひと言で心が動揺する。

心が動揺すれば動揺するほど、人にしがみつきたくなる。しがみついた人の言葉でさらに心が動揺する。どんなに善良な人でも、この悪循環に陥って消耗し、やつれていく。

心理的に病んだ人々は執着の激しさを愛情の激しさと錯覚する。不安から相手にしがみつく。そのしがみつきの激しさを自分の愛情の激しさと錯覚する。

愛情の激しさと思っているものは、不安の激しさでしかない。「相手をこんなにも必要としている」という自分の気持ちを「自分はこんなにも愛している」と思い込んでいる。愛されたい要求の中に「敵意」が隠されている。相手が自分のことをどんなに愛していても、愛を感じない。

「依存心が強いまま」で恋愛、結婚、親子関係になれば、どんなに恐ろしいことが起きるか。

自分がさみしいから因縁をつけて、その人にこだわる。よくあることである。

他人の言うことを気にすまい、気にすまいという無意味な努力をするよりも、「なぜ自分はこんなに依存心が強いのか？」という過去の人間関係を見つめなおすことが、意味のある努力である。

私たちは「人の言うことが気になる」という表に現われている現象にとらわれ、それを直接的に解決しようとする努力をする。その現象の背後にある本質に注意を向けない。

しかし、私たちの感情は、ただ「気にすまい」と思って気にならなくなるほど、単純ではない。

アメリカの精神心理学者フロイデンバーガーは〝燃え尽き症候群〟になったか、ならないかを判断できる確実な方法のひとつは自分のエネルギーの状態をみることだと言う。そして、「もしいつもに比べて顕著に低いときは、なにか異常がある。[1]」と言う。

こういうときに元気を出そうと努力することは、より消耗していくだけである。

「なにがこんなにストレスになっているのか?」あるいは「不誠実な人に、不必要に尽くして消耗しているのではないか?」などといまの自分の人間関係を見つめることである。「自分は怖がる必要のないなにを怖がっているのか?」などなど、いまの自分の人間関係を見つめることである。

◆あの人はなぜ、些細なことで怒りだすのか

その人の無意識の領域に隠されていた本質は、長い人生で、いつかどこかで偽装さ

れた姿で現われてくる。

そのひとつが「success in business failure in relationship」である。仕事はよくできるが、人との関係が依存的敵対関係になる。仕事はよくできるが、配偶者との関係は悪いという人は多い。


仕事では成功者であるようなエリート官僚が些細な失敗で自死する、親子関係、夫婦関係で失敗する。

エリート・ビジネスパーソンが、ある日突然、燃え尽きたり、うつ病になる。

社会的に成功していても心の支えになるような人がいないのである。

社会的に成功していても、心理的には「疑似成長」しているだけだからもともと危険な状態であったのだ。

彼らには意識と無意識の乖離があったに違いない。だから周囲の人に笑顔を振りまきながらも、周囲の人に心を閉ざしていた。

彼らの無意識の領域に隠されていた本質が、そのような形で現われたのである。

そこには隠された怒りがあったか、記憶の中に凍結された恐怖感があったか、あるいは最も深いところに深刻な劣等感があったか。深刻な劣等感は本当の感情を認識することを妨げるという。要するに、劣等感は抑圧されがちである。

小さなことで悩む。些細なことで悩む。

心理的に健康な人は、なんでそんなことで悩むのだと不思議になる。

些細なことに悩んでいる人に、なんでそんな些細なことに悩んでいるのだ、悩まなくてよいと、理屈で説明しても、相手の悩みは消えない。

不安な人は、人の何気ない言葉で心が動揺する。冷静さを失って感情に走る。人間関係は些細なことでトラブルになる。

その些細なことが問題なのではない。不安が心理的基盤になっていることが問題なのである。問題は、不安で心が混乱しているに過ぎない。

すぐに心理的に動揺する。感情の起伏が激しい。気難しい人。

人が些細なことで怒ったときには、重大な問題で怒ったときよりも、パーソナリティーの視点から言えば、問題は深刻である。

夫は、妻の返事の仕方ひとつで、ものすごく怒り出す。その怒りがなかなか収まらない。そんな些細なことでなぜそこまで激怒するのかまったく分からない。そう嘆く女性は多い。

理屈としては簡単である。夫は不安。そして敵意と攻撃性が大量に心の底に堆積している。

「臨床的にしばしば観察される現象であるが、反抗的な意味で独立的で孤立した人間は、他の人々と確認された関係を結びたいという欲求と願望を抑圧している。(2)」

また、なにかちょっとしたことでも思うようにいかないとすぐに落ち込んでしまう。それは、個々の事柄が問題なのではなく、根本のパーソナリティーが不安だから、ちょっとしたことが大ごとになる。もとになる土台が不安定なのである。

心理的に完全に健康な人などいない。だれでも神経症的部分は持っている。その神経症的部分に直面すれば、道は拓けてくる。

ジョージ・ウェインバーグは、ある真理を見たくない、感じたくないという欲求は、すべての神経症的傾向が強い人に見られる、と言っている。

くる。

「自分が見たくない真実とはなにか?」そう考えれば、道は拓けてくる可能性が出てくる。

「人間が正気であるためには人とかかわりあいを持たなければならない。それは性や生命への欲望にも増して強いものである」と社会心理学者のエーリッヒ・フロムは言う。

社会的に成功しながらも、人生につまずいた人は、どこが問題だったのか。

彼らは社会的に成功したが、フロムの言う「人とのかかわりあい」に失敗していたのである。

だが、この「人とのかかわりあい」の失敗は外からは目に見えにくい。

社会的にはエリートだが、心の中は、小さいころ迷子になったときの気持ちである。

なぜか心は焦っている。しかも自分の心の中の迷子の気持ちに、本人自身が気づいていない。

自分が心理的に迷子になってしまったと、自分が分かっていない。

社会的にはエリートでも、なぜか心は焦っている。

ただ社会的に成功して偉くなっても、それだけでは人格は備わらない。

真の人格者は心理的に迷子ではない。自分の生き方に自信がある。

人格者はゆとりがある。そのゆとりとは時間のゆとりではない。心の中の満足度である。心が満足している人は人におせっかいをしない。

「今日も満足して生きた」という積み重ねが人格である。


心の支えになる友人がいないという現象の裏に隠された本質は、その人が自発的な感情から人と接するような人間になっていないということである。つまりその人は無意識に基本的不安を抱えている。

そういう人は、自分の無意識の基本的不安に気がつかない限り、どんなに人間関係で努力しても幸せな人の特徴であるいい人間関係はできない。

人は外界に適応しなければ生きていけない。しかし外界に適応することがそのまま心の必要を満たしているということではない。

つまり社会的に適応していることがそのまま情緒的に適応しているということではない。

社会的に適応していると情緒的に適応していなくても問題がないように外からは見える。

◆「特別な存在でありたい人」が進む道

それぞれに原因は違うが、「引きこもりの人」の中には、意識では壮大な自己イメージを捨てられない人がいる。だから心を開く友人ができない。

周囲の人は、その人とのよい人間関係の形成に努力しない。現実のところは、その人の壮大な自己イメージを受け入れられない。付き合いたくない。

そうなれば、その人は引きこもるしかない。壮大な自己イメージに最後まで固執すれば、現実の社会では引きこもる以外に生きる道はない。

引きこもる人の意識にあるのは神経症的要求である。壮大な自己イメージである。

しかし無意識にあるのは、深刻な劣等感である。その反動形成としての壮大な自己イメージである。

その自分の無意識に、本人が気づかない限り、いくら意識で努力しても、効果はない。

無意識に、依存心や甘えがあり、それに気がつこうとしないままに、周囲の人に壮大な自己イメージの扱いを求める。自分をそのような人として扱い、評価することを周囲に求める。残念ながら意識的努力はすべて水泡に帰する。

壮大な自己イメージの内容は、ナルシシズムであり、依存心であり、母親固着である。フロムのいう「衰退の症候群」の要素である。

その壮大な自己イメージは現実には挫折する。それがその人の人生への絶望感となる。そしてその人はその絶望感を抑圧する。

その抑圧された絶望感こそ、まさに「人は常に苦しみたがる」原因である。「苦しみ依存症」のようなものである。

壮大な自己イメージを持ちながら、その意識の領域の不満が無意識に追いやられ、意識と無意識の乖離が深刻になり、自分が何者だか分からなくなる。自分自身が、なにがなんだか分からなくなる。

周囲の人に対して、心の底には不満が積もりに積もっていく。毎日毎日、不満が心の底に堆積していく。そして最後は引きこもるしかなくなる。

「自己拡大的解決方法で人生の諸問題を解決しようとしている人は、人間関係や仕事で困難が表われる。根底において他人とつながっていない彼の存在の姿は、近い人との関係で表われる。(3)」

近い人に対して不満で心の中がもやもやしている。

近い人に対するなんとはなしの不満や怒りは、実はその人が心の底では誰ともつながっていないということに起因する。

日常生活で親や近い人に、素直になれないのは、誰ともつながっていないことに起因する。

問題は、自分が誰とも心でつながっていないということを意識できていないことである。自分の日常生活での慢性的不満は、実は自分が誰とも心がつながっていないことが原因であるということに本人は思いもよらない。

6

人はなぜ、同じ悩みばかりを繰り返してしまうのか？

——問題解決の糸口は親子関係にある

長い間心の底に積もったイライラが、いまの対人関係に表われる。

たとえば、ある人が小さいころから父親との関係で「服従と敵意」の矛盾した関係に悩まされていたとする。表面的に父親に服従しているが、無意識では父親に敵意がある。そんな矛盾した関係を未だに心理的に解決できていない。

それをいま付き合っている人、恋人であるか、同性の友人であるか、職場の人間関係であるか、夫婦関係であるかは別にして、「移し替える、置き換える」。これが「トランスフォーム」である。

ある28歳の若者が何回職場を変えても上役とうまくいかないと悩んでいる。いまの上役ともまたうまくいかないと思っている。しかしそうではない。過去の父親との関係が解決していないからである。

彼には反抗期がなかった。父親に対する服従で反抗期を避けて生き延びた。しかし父親には無意識に激しい敵意がある。

その父親への隠された敵意が、いまの上役にトランスフォームされているのである。彼は何度職場を変えても今後も上役とはうまくいかないだろう。それはいまの上役との関係が本質的な問題ではないからである。

過去の未解決な問題がいまの状況にトランスフォームされてしまう。

◆「毒親育ちの子ども」が生きづらさを乗り越えるには

子ども時代に、依存心や甘えが酷《ひど》い親に、子どもは甘えることができなかった。いつも言いたいことを我慢していた。

その不満が抑圧されていることもあるし、意識されていることもある。ただどちらにせよ不満であることには変わりはない。

小さいころ親とのコミュニケーションに失敗した人は、さみしさを抱え込む。

さみしさは本当の感情を認識することを妨げる。自発的感情から嫌いであっても、「嫌い」という本当の感情を認識できないで、付き合ってしまう。

さみしいときに、質《たち》の悪い人と関わってしまう。

質の悪い人たちとは、自分に心の傷があることを認めていない人たちである。相手が心の奥底でなにを感じているのかを考えない。だから相手に対して思いやりがない。

お互いに励まし合う関係ではない。苦しい状況で励まし合う。それが親しい友人である。

さみしさや劣等感から人との関係を始める人は、誰からも愛されていないし、誰からも親しい友達とも思われていない。皆にとってただ都合のいい人というだけの存在である。自分が皆から軽く扱われていることが本人は分からない。

深刻な劣等感も、本当の感情を認識することを妨げる。そういうときに、やはり質の悪い人と関わってしまう。

質の悪い人たちとは、相手と困難を分かち合う努力がない。だから友人といっても慰めや安らぎを与えることはできない。信じあう心がない。ふれあう心から安らぎを得ることはない。

問題は、その自分たちの関係が偽りの関係で、慰めや安らぎを与える関係ではないということに気がついていないし、そういう関係であることを認めていないことである。

なにより最大の問題は、心理的に未解決な問題を抱えて身動きができなくなっている、という現実から目を背けているということである。

「自分たちが生きることが楽しくないのは、自分たちがなにを認めることを拒否しているからか？」ということに関心がいけば、次第に道は拓けてくる。しかしそれを認めない。

そういう偽りの人たちとの関係が続く中で、無意識に怒りや悔しさが堆積されていく。そうした人間関係が続けば続くほど、無意識にはどんどん問題が山積していく。

本来は、人とふれあうことで心の支えができる。コミュニケーション能力が育成される。

親しい友人の励ましは、所属への願望を満たす。「共同体の中の個人」の基本的欲求を満たす。

これと逆の関係なのが、質《たち》の悪い人との人間関係である。自己執着で相手がいない関係。社会的に孤立していないかもしれないが、心理的には孤立している。心理的葛藤を抱えている。それぞれが心理的に未解決な問題を抱えて身動きができなくなっている。

そうした少年期、青年期を通して、無意識に問題を抱えた中高年期の大人になっていく。

大企業のエリート社員のうつ病やエリート官僚の自死、パワー・ハラスメントやDV、幼児虐待などで、隠されていた無意識の本質が表に現れてくる。

「狂気の人間というのは、どんな結びつきをつくることにも完全に失敗して、格子のついた窓のなかに入れられていないときでも、獄に入れられている人間のことである。生活する他人と結びつきをもち、関係をもとうとする必要性は、避けられない欲求であり、それを満たすことによって人間の正気がたもたれる。(1)」

◆子どもを支配したがる親、子どもにしがみつく親

たとえば密着の願望、つまり幼児の甘え、「一体化願望」を満たしてくれるのは親

である。甘えの欲求が満たされていれば心の中に所属感ができ、心は安定している。

その甘えの欲求が満たされず、一体化願望を持ったまま親となったら、その親の子どもは自分の世界を持つことに罪悪感を持つ。

一体化願望を持つ親にとって、子どもが自分の世界を持つことは絶対に許せないことである。それは自分に刃向かうことである。

そうなれば子どもは外で遊ぶことを恐れる。子どもは友達ができることを恐れる。それは一体化願望を持つ親が望んでいないから。

友達と楽しく遊ぶことは心の中で親を裏切ることになる。親が一体化願望を持つということは、親は子どもに無限の密着を求めていることである。[2]

人は一般に自分の心の葛藤を解決するために人を巻き込む。そのときに一番巻き込みやすいのが子どもである。

つまり、親が心理的に問題を抱えていれば抱えているほど、子どもを巻き込む。深刻な心の葛藤であればあるほど子どもを巻き込む。

子どもを巻き込む親は、自分が他の誰にも手を出せないからである。そこまで親が弱い。つまりまったく自立できていない。親が心理的にまったくの幼児である。

人は相手の「無意識」に反応するから、無意識に問題を抱えている親は子どもに好かれない。

無意識に深刻な問題を抱えていない親は感情が吐けている。一旦不機嫌になってもいつまでも不機嫌でない。

無意識に深刻な問題を抱えている人は、いつも我慢をしている。それでなんとなく暗い人間になる。ときには不自然な明るさを過剰に演じる。

問題は、その人の無意識が成長を拒否していることである。本人は、自分が成長を拒否していることに気がつかない。無意識の領域では、その人は自分の依存心にしがみついている。

ネクロフィラスが無意識の中にある場合もある。つまり死に対する関心がある。それは権威主義的な親に従順に生きてきた結果である。その結果、感情的盲目性によって行動する。それは無意識の必要性から生じている(3)。

長年にわたる隠された怒りで、自分が自分をコントロールできなくなっている。いつもイライラしている、クヨクヨ依存症になる。

親が隠された「怒り」に支配されていると、子どもは「基本的不安感」を持つ。「基本的不安感」とは、カレン・ホルナイによれば、親の「必要性」にしたがって育てられた子どもの持つ心理状態である。

カレン・ホルナイの言うように神経症的傾向は、子どもが親の「必要性」によって育てられた結果である。

たとえば、親は自分の無価値感から子どもにかかわる。そういう親は子どもに恩着せがましくなる。

あるいは、親の愛情飢餓感から子どもにかかわる。その結果、親子の役割逆転になる。つまり親のほうが子どもに甘える。その結果、子どもは親の過剰な期待が重荷になる。

親が隠された「怒り」に支配されていると、子どもは、自分とは別の固有の人格を持っているということがどうしても認められない。

スチューデント・アパシー（学生無気力症）になった学生が次のように言った。

「お母さんはいろいろなことをしてくれた。でも僕のしてほしいことをひとつもしてくれなかった」

母親は子どもにいろいろな要求があった。それは神経症的要求である。そして息子である他者は、母親にとって自己化されている。

その母親にとって他人は、自分の延長としての他人であって、自分とは別の固有の人格を持った他人ではない。

大人になっても、いわゆる「他者の誕生」がない。他者はいるのだけれども、自分とは別の人格を持った固有の他者ではない。

とにかく自分しかいない。自己中心性からどうしても抜けきれない。

難しい表現をすれば「共同体の中の個人」という生き方に失敗しているのである。

◆「自分を毒する人」から距離を置く

しがみついているかぎり幸せにはなれないものに神経症的傾向が強い人はしがみつ

く。

神経症的傾向が強い人は自分を不幸にするものにしがみついている。

人でも、ものでも。

嫌いな自分に執着する。

嫌いなあの人に執着する。

自分が嫌い。でも自分を素晴らしく見せたい。

あの人が嫌い。でもあの人によく思われたい。

人が嫌いなくせに、人から嫌われることを避けようとする。

「私は苦労している、苦労している」と、文句を言いながらも、苦労する生き方をやめない人がいる。自分から苦労する生き方にしがみついている。

そういう人は、犠牲的役割を演じることによって、相手から同情や愛情を求めているのである。

あるいは心の底で相手に罪の意識を要求しているのである。罪の意識を持つように相手を操作している。それに気がつかない。

また、その犠牲的役割によって自分の存在証明を得ているのである。その犠牲的役割によって自分の価値を感じているのである。だから文句を言いながらもその役割を手放さない。

その犠牲的役割をやめてしまえば、自分が自分でなくなってしまう。生きがいがなくなってしまう。

そして、勝手に自分でそのような犠牲的役割をしていながら、周囲には恩着せがましい。したがってそのような犠牲的役割をしながらなんとなくこちらに絡んでくる。

そのような人といるとなんとなくこちらが責められているような気持ちになる。こちらからすれば「そんな犠牲的役割をあなたに頼んでいないよ、あなたが勝手にしているのでしょう」と言いたくなる。

自分は無意識に問題を抱えているということを無視すると、自分で自分の首を絞めることになる。

ある高齢の悩んでいる人がいる。不安が深刻でいつも体調を崩している。

その人にいろいろと質問していくと、ある人のことが気になっているようである。

「その人のことが気になっているのでは?」と聞いてみると、「違う」と言う。

そこでいろいろとどうでもいいことを含めて聞いていくと、いろいろなことを話し出す。

「あいつは相手にしていない、悩みでもなんでもない」と言いながら、無意識では重要視している。

だから、その人のことを悪く話した後では体調は回復する傾向がある。

もし、そうならなぜ、そんなに気になるのか?

「なぜ?」と問い続けなければならない。

自分は、なぜあの人たちともめているのか?

もめている本当の原因は?

もめている原因の、隠れたる本質は、ほとんどの場合双方の無意識に隠されている感情である。

私の心はまだ幼児、と認めればトラブルは解決に向かう。自分を苦しめている問題は意識でなく、無意識と認めれば解決に向かう。

ところがその無意識を認めないからどんどん迷路に入る。

悩みが解決できないのは、いまの神経症的立場を変えないからである。いまの神経症的立場に固執するからである。

神経症的要求をする人は、自分の立場に固執する。

固執する人をたとえてみれば、次のようである。

フロリダでスキーはできない。しかしフロリダでスキーをしたいという立場を変えない。

7

なぜ、恵まれているのに

「幸せを実感できない」のか？

――自由な心を縛る〝見えない鎖〟から自由になる

小さいころ、自分の意志や願望や適性とは関係なく、外側からさまざまな期待をかけられる。その期待をかなえることでしか生き延びる道がない人がいる。

逆に、小さいころから、養育者がその子の適性とかその子の能力とかを考えて、その人の幸せを願って育てられた人もいる。

両者の人生はまったく違う人生である。

自分の意志や願望や適性とは関係なく、外からのさまざまな期待をかなえることでしか生き延びる道がなかった人は、エリートコースを突っ走っていても、最終的には、人生が行き詰まってくる。

若いころの友人や、家族をはじめ、近い人とうまくいかない。表面的にはうまくいっているが、心がふれあっていない。つまり心理的な成長はない。

彼は個性を投げ捨てて、優越によって孤独と無力感を克服しようという衝動にかられて生きている。その成長の過程で心を失う。それが権威への服従であり、権威主義的親にとって従順ないい子である。

しかもその人のまわりの友人、知人はすべて同じような歪んだ価値観の持ち主である。いわば極めて軽度のカルト集団である。

しかし、フロムの言うごとく、服従は子どもの不安を増大させて、敵意と反抗を生み出す。その隠された「敵意」こそ、その人の人生の最大の障害である。

その敵意を抑圧して不安になる。その不安もまた抑圧する。

人と心はつながっていないが、社会的には見事に適応している。

しかしフロムの言うごとく、彼は〝目に見えない鎖〟でつながれている。自由を失った〝心の奴隷〟である。そして無意識では自分に「絶望」している。

人生の悲劇を体験するのは、愛を知らない人で、かつそのことに気がつかないで生き続けた人である。

問題は無意識の「絶望感」である。正面から絶望感に向き合えば、救われる道はあった。

しかし、自分に対する絶望感に直面することは人間にとって、ものすごい恐怖であるから、その本当の感情を無意識に追いやる。外から見ると、絶望感どころか明るい未来を持った若者に見える。成長した大人に見える。

だが、社会のなかで、自分の描く理想の耐えざる挫折を体験する人も多い。それをことごとく抑圧する。

一方で、心の底では完全な人間でありたいという願望を捨てていない。壮大な自己イメージにしがみついている。彼は人並みでは満足できない。それは深刻な劣等感の反動形成である。

それは完全でなければ自分は受け入れてもらえないと感じるよう成長してきたからである。優越によって安全を確保しようとする。

その結果、心がふれあう親しい人がいない。心で人とつながっていない。

心がふれあう人がいないということは、自分が無意識に問題を抱えているという知らせである。

自分に対する絶望感に直面することは、心理的に自立することである。小さいころから自分に破壊的メッセージを与え続けた人たちと別れることである。彼らから、自分の心を断ち切ることである。

いままでの同性の友人とも異性の友人とも関係を絶つことである。彼らは形だけの友人で、心がふれあう人たちではない。友人という名前の「赤の他人」である。あるいは、自分をいじめている人、自分を侮辱する人でしかない。

絶望感の最も深刻なのは、実は自立の失敗である。そして自分が自立に失敗しているということに、もちろん気がついていない。

自立に失敗した自分に対する絶望感は、無意識にあってその人を支配している。だから悩みから抜けきれない。

ここでいう「自立」とは、経済的な意味での自立ではない。心理的な意味での自立である。経済的な自立は目に見える。だから経済的に自立に失敗している人は、自分でわかっている。それは無意識の問題ではない。

高すぎる基準を自分に課してしまう人は、重要な他者によって高すぎる基準を課せられた人である。権威主義的な父親に対する子どもの反応はこうしたものであろう。子どもはそれを内面化した。子どもは親へまだ心理的に依存している。しかし20歳になっても、30歳になっても、40歳になっても、そのことに気がついていない。しかし、無意識では、その自立への挫折が大きな位置を占めている。

「実際の自分」を受け入れられた体験が乏しい人は、「実際の自分」では周囲の人は自分を相手にしてくれないと感じてしまっている。

社会に出てからも、引き続き自分の求める理想のたえざる挫折を体験する。それは社会的な挫折である。そして自分に対する絶望感に苦しみ、その絶望感を抑圧する。

自分への絶望感から目を背けながら、頑張り続ける。そして心身ともにボロボロになり破滅する。

あるいは、「私は特別な人間である」という神経症的要求に固執して、自分の架空の独自性にしがみつく。人を侮辱することで、自我価値の崩壊から自分を防衛する。

「あいつは、社長なんかになって喜んでいるんだよ、小さい、小さい」とバカにして笑う。

最後は孤独である。無意識には憎しみが山のように堆積している。本音はすべての人を殺したい。

その最も奥にあるのが自立への失敗である。人に認められないと嬉しい気持ちになれない。自立の失敗には最後まで気がつかない。

だから最後まで自分はなんで生きるのがこんなに苦しいのか理解できない。そして目に見える苦しみの原因を探す。

そして本当の原因ではない「目に見える原因」を、苦しみの原因と思い込んでしまう。

◆その「愛」は誰に向けたものか

人が成長するためには心理的に恵まれた環境が必要である。恵まれない環境についてカレン・ホルナイは、「周囲の人があまりにも自分にとらわれていて、子どもを愛することができない」ということを言っている[1]。

その通りであろう。

親をはじめ、周囲の人が子どもを愛することができないという環境では、子どもは自己実現して成長することはなかなかできない。

わかりやすい例を挙げれば、「子煩悩な親」である。もちろん、本当の意味で子煩悩ではなく、〝偽善的〟子煩悩である。

子どもにべったりとしているが、子どものためではなく、親自身の愛情飢餓感を満たすためである。いつも家族旅行に行くような家族である。

そういう環境で成長すれば、子どもは基本的不安を抱いてしまい、生きるエネルギーは、自己破壊的に使われる。自分でない自分になっていくために生きるエネルギーは消耗する。自己疎外される。

猫が虎のぬいぐるみを着て生きるようになる。

その人を取り巻く人間関係がまた歪んでいる。そうした歪んだ価値観の空気を吸いながら成長する。

子どもを猫かわいがりする親がいる。

たとえば夫との関係に絶望した妻が、その欲求不満を解消するために子どもに感情をぶつけていく。夫に失望し、生きることに絶望した妻が、自分の欲求を満足させる手段として深く子どもに干渉していく。それが過保護であり、過干渉である。

これが「偽装された憎しみ」である。

この母親が救われるためには、夫に対する「無意識の憎しみ」を意識することである。

父親に猫かわいがりされた息子は、息苦しくなる。それは、今度は父親が母親に対して抱く、「抑圧された憎しみ」の変装した姿であるからである。夫は妻に対する憎しみを抑圧する。その憎しみが、子どもへの過剰な愛に変装して表われる。

この父親が救われるためには、妻に対する「無意識の憎しみ」を意識することしかない。


母親は、教育熱心で非の打ち所がない。

表面的にはなかなか理解できないが、問題は教育熱心の動機である。

たとえば、夫が亡くなった心の空洞が問題である。

母親は自分の心の空洞を埋めるために、子どもの教育に熱心になる。

夫への依存心から、子どもには「お父さんのように偉くなれ」と励ます。

これが立派な母親の、無意識に隠された攻撃性である。母親は自分の無意識に支配されながら、自分は立派なことをしていると思い込んでいる。

行動という視点から見れば「教育熱心で非の打ち所がない母親」であるが、無意識にある動機という心の視点から見れば「子どもを愛する能力のない母親」である。心理的に自立できない女性である。

◆「欲」を満たす人生より、「好き」をかなえる人生

子どもにとって成長できない環境というのがある。両親がそれぞれの心の葛藤を解決する手段に、子どもを利用する。子どもである自分が、絶望した親の生きる手段とされたときである。

両親の心の葛藤の解決のための子育て、それが外から見て最も分かりにくい。

表面的には子どもはかわいがられて見える。しかし実は直接的に憎しみを表現されたときよりも、子どもは生きにくい。

まず親を憎むことができないという環境が、子どもの心理的成長、情緒的成熟を妨害する。子どもの心を破壊する。

子どもも自分の正直な感情を理解することができない。自分は誰が好きで、誰が嫌いかも分からない。つまり子どもはなにがなんだか分からない。なにが好きで、なにが嫌いだかも分からない。

「欲」と「好き」とは違う。

「欲」で生きると不幸になるが、「好き」で生きると幸せになる。

「欲」で生きると自分の人生の目的が分からない。自分が心理的に自立に失敗しているということに気がついていない。自立しようとして自立できない。

◆「無防備でいられること」の重要性

小さいころ、親の側にいて安心した、くつろいだという体験がない。

親が側にいるところでは安心してすぐに寝てしまったという体験がない。無防備になったことがない。

子どもは、親が側にいて、疲れていれば部屋が明るくても、粗末なソファーの上でもすぐに寝てしまうものだ。床の上でも寝てしまう。そういうくつろいだ雰囲気を小さいころに体験していない。不安なら豪華なベッドでも人は寝られないが、安心していれば寒い床の上でも寝てしまう。

無防備は心理的な成長に大切である。無防備になれないと、子どもはコミュニケーションできない。

「敵意、神経症的依存を解き放ち、表現することができるようになるのは、心が自由だからである。自由だから敵意が出てくる。息抜きができる。それをすれば、興味、関心、これをしようという意欲、エネルギーが出てくる。自然と成長へと向かう。(2)」

最も簡単な例で言えば、子どもが泣くときである。泣いて感情がすっきりして次は意欲的になる。だから、小さい子どもが泣いても、これでよかったと思うことである。むしろ、小さい子どもがマイナスの感情を出せる場所をつくってあげることが子育てには大事だろう。

たとえば、母親に向かって子どもが「うるさい！　このババア！」と言った。しかし、そう言った後で子どもはスッキリして母親に憎しみの感情を残していない。

威嚇で、「なに！　よくも言ったわね！」と母親が怒れば別だろうが、憎しみの感情を表現した子どもは母親に憎しみの感情を残していない。

いつも威嚇されている子どもは自分の感情を抑え付け、心理的成長は止まる。

「彼は、成長がただ安全からのみ出ることを知っている。(3)」

高所恐怖症でも、下で必ず受け止めてくれると思えば、その人は飛び降りられるだろう。心理的に安全なときには人は危険でも挑戦できる。つまり成長できる。

プールの水が怖い子がいる、少しずつ水の中につけていけばいい。「浮輪があるから大丈夫よ」という言い方は、怖がっている子には意味がない。それは大人の理屈である。プールで楽しくいることができてはじめて、水泳が好きになる。

カメは「意気地がない」と思われても、危険を感じれば甲羅《こうら》の中に入る。同じように蛇はとぐろを巻く。小さな子どもが「恐いよ」と自分を防衛するときには、それを尊重してあげることである。

「彼のおそれが丁寧に受け入れられた場合にのみ彼は大胆になることができる。[4]」

受け入れられた場合というのは、信頼されたときである。怖いとか、つらいとかということを分かってくれたときに人は大胆になれる。

◆自立とは「自分を支配するもの」からの脱却

大切なのは、「私は恵まれない環境で成長した」という自覚である。あくまでも「愛情という点で」恵まれないということである。

ところが既に述べたように、人は自分が心理的に自立できていないということにはなかなか気がつかない。まったく気がつかない人が多い。

自分はなにに支配されて生きているのかにまったく気がつかないままに、「なにか変だ」と思いながらも、自分は正常だと思っている。

心理的に自立できていないということは、生きる土台ができていないということである。

ある人が、人の目が気になって仕方ない。でも苦しくないと思い込んだ。そして高校時代に不登校になった。

心の底で自分に嘘をついて生きてきてしまったと気がついて、立ち直った。

心理的に自立できていないゆえに、自分に絶望している。もしそこをしっかりと意識化できれば、あとは生きるエネルギーを自己破壊的な方向ではなく、生産的な方向に向けられる。前に向かって進める。

しかし偽りの「親の愛」という考え方に心が縛られて、「私は恵まれない環境で成長した」ということをハッキリと意識できない人が多い。

そういう人は、前向きにエネルギーを使えないままで、具体的にはなにも生産的なことができない。「私は親が嫌い」という感情を無意識に追いやる。

しかし「私は恵まれない環境で成長し、心理的に自立できていない」という自覚のある人は、生きるエネルギーが生まれるから、次々出てくる問題の解決に取り組める。

ただ悩んでいるだけで具体的にはなにもしないということではない。

それは自分の無意識の心の中の声をいつも聞いていた人である。自分の人生に対してコントロールしている感覚がある。

親子であろうと、配偶者であろうと、誰であろうと、私が私自身になることを許さない人とは別れることである。そういう人たちから、心を断ち切る。これが「人生を無意味にしない法則」である。

ただ悩んでいるだけで具体的にはなにもしない人は、無意識の絶望感に支配されているだけである。40歳を超えて、自分がまったく心理的に自立しないで生きているということに気がついていない人である。


最終的にその人を支配するのは無意識に追いやられている感情である。

無意識にあるものに直面することを避ける、それがその人の隠された動機である。行動は見えても、隠された動機は見えない。

人によく思われなければならないと感じている人は、それによって自分の価値を感じようとしているからである。そういう人は、無意識に「自己無価値感と孤立感」に苦しんでいる。

そういう人は、人が嫌いである。

「自分を大切にする人」しか他人を大切にできない。

人は自分を受け入れる程度にしか、他人を受け入れられない。

自分を愛することなしに他人を愛することはできない。心理的に自立することなしに、人を愛することはできない。

「他人への義務は、自分ができる限り生きる歓びに満ちている存在であることによってのみ果たせるのです。[5]」

「生きる歓びに満ちている存在である」とは、無意識に自分に対する絶望感のない人である。

絶望感から希望に向かって進むような人になるにはどうすればよいか。

心理的に自立している人になることである。視点の豊富な人になることである。

8

なぜ、「楽しいふり」「好きなふり」がやめられないのか？

――「自分を愛すること」なしには「他人を愛すること」はできない

権威主義的な親の場合には子どもは、親の歪んだ期待を深く内面化してしまう。その内面化された親の期待から抜け出すことが難しい。

どうしても親の期待した人間になろうとする力が働く。親に喜んでもらうことが生きている意味になってしまう。

親ばかりでなく、その人の友人をはじめとする人間関係が、そういう歪んだ人間関係になっている。

「私が成長した集団と、カルト集団と、本質的にどこが違うのか？」

そう考えることができれば、歪んだ人間関係から逃れる第一歩である。

子どもにとって失敗が大きな打撃となるのは、親が子どもの失敗を望まないからである。親の期待した人間になることが大きなプレッシュアーになる。

大企業に就職してうつ病になる、あるいはエリート官僚になって自死するなどの人たちは、おそらく彼らの性質としてはそのようなコースが適していなかったのだろう。

自分の不得意領域で、頑張っていることに気がつかないで、無意識の劣等感に支配されて生きてきた。

つまり、まったく心理的に自立できていなかったことに気がつかないままに頑張った。無意識の依存心に気がついていないままで生きてきた。

しかし、どんなに自分の適性に反しているとはいえ、それが親をはじめ周囲の人の期待するコースであり、そのコースを進むことが彼らの「人生の意味」であり、「喜び」になってしまっていた。

それが無意識の依存心の恐ろしさである。

しかしもちろん疑似成長であるから、夢の中では怯えている。夢の中では知っている場所の住所がなぜか書けなかったり、よく行く場所にどうしても行けなかったりする。現実の世界では自分でコントロールしている感覚はないし、自律神経失調症気味であるし、なによりも孤独に弱い。


「人生の意味」「喜び」と書いたが、根底には焦りがある。なぜか、いつもこんなことをしてはいられないという焦りがある。

なぜか焦りがある人は、自分は無意識に問題を抱えていると認めることである。意識していないが無意識になにか矛盾を抱えている。

親の期待に添うため、あるいは親への反発等から自分を見失う。自己喪失する。夢の中ではいつも道に迷っている。つまり自己実現できないことで自己疎外になり、さらに神経症になっていく。

そうして最終的に、頑張って、頑張って、頑張ったあげくに挫折していった人は多い。無意識に振り回された人生に違いない。

生きていく上で、大切なのは社会的成長ではなく、心理的成長である。

心理的成長は、ひとりで祝う。

社会的成長は他の人が祝ってくれる。


「オイディプスコンプレックスが神経症の核である。[1]」というフロムの言葉を借りれば、彼らはオイディプスコンプレックスを乗り越えられなかったのであろう。

なによりも、最初の人生の課題である親を乗り越えられなかった。親を乗り越えられなかったことに気がつかないままで、無意識に振り回された。

親からの自立の失敗に気がつかないままに、自己疎外となり、神経症的症状へと発展していった。その過程がすべて無意識である。

自分が自己疎外されていく過程も、いま、自己疎外されていることに気がついていない。いま、自分が自分ではないことに気がついていない。

彼らは、社会的には見事な適応をしていても、かなり早い段階から人生が行き詰まっていたに違いない。心から楽しいという体験がなかったに違いない。なにか焦ってていたに違いない。

早い段階から自分でない自分で生きていたに違いない。そのことに気がついていない。

心から楽しいという体験がないから、そのことになかなか気がつかない。心から楽しいという体験があって、はじめて「いま、自分は心から楽しい」と感じていないということが分かる。

「あらゆる神経症の発展において自己疎外は核にある問題である。[2]」

◆「自分自身でない人」は付き合う人を間違える

社会的に望ましい人間なのだが、その行動の動機に問題がある人は多い。

アメリカのＡＢＣニュースが１９９７年３月６日に『ヘロイン』と題する特集番組を放映した。

そのときにキャスターのDiane Sawyerが、ヘロインで死んだある少年について次のように話した。

彼は学校で最も人気があった少年のひとりである。ヘロインの取り過ぎで死んだ少年について親友の少女が次のように言う。

「彼は誰にでも優しかった。彼は特別よ（He was so caring towards everybody. He was special.)」


彼は八方美人だった。誰にでも好かれたかった。

彼は「自分は誰に好かれたいのか?」が分からない。「この人に好かれたい」という人がない。

そして彼の親切は、自分が人に好かれたいための親切である。相手を愛することから出てくる親切ではない。

友達を見分けられない人は滅びる。

味覚が分からない人を考えてみよう。すっぱいも、にがいも分からない。腐ったものを食べても分からない。そしてお腹を壊す。

神経症的傾向が強い人は自分を選べない。相手を選べない。選択ができない。だから生きるのがつらい。

神経症的傾向が強い人は、どちらも捨てられないから悩む。


人との関係で自分を見失った人が薬物に手を出す。

「誰にでも優しかった」彼がこのような問題を起こすということから考えれば、彼の親切心には問題があったと思われる。

彼の行動は、本当はなにを意味しているのか？

社会的に見れば立派な少年だったかもしれないが、心理的成長に失敗している。

ほめてもらいたいために生きてきた少年。

ほめてあげたいという気持ちをなくした少年。人と心がふれあう体験をできなくなった少年。


缶切りがある、皆が「わー、すごい」と言う。するとそれが欲しい。

ナイフがある、皆が「いいなー」と言う。するとそれが欲しい。

神経症的傾向が強い人は自分が欲しい道具がない。

料理をしていて、切れる包丁を持っている人がいる。

すると「いいなー、切れる包丁があって」とうらやましがる。

その切れる包丁を手に入れても、「わー」と言ってくれる人がいないと、持っていても空しい。


アメリカのティーンエージャーの自死では、学業に問題のある人は11％しかいない。(3)

自分を抑えて無理をして模範生でいるが、彼らの心の中は不安だった。模範生になって、さらに模範生になっても喉の乾きが増すばかりである。理由のない焦りが消えない。

人は「ノー」のときに、なぜ「イエス」と言うのか。それは「ノー」と言って嫌われることが恐いからである。

人は、色々な「ふり」をする。「ふり」をする方が受け入れられると思うからである。

シーベリーは、「私が私自身ならなにを恐れることがあろう。恐れているなら、私自身ではないのだ。[4]」と述べている。

ヘロインで死んだ彼は「誰にでも優しかった」。しかし、彼は彼自身として生きることはなかった。だからいつも恐れていた。

自分自身でない人は、対象無差別に愛を求めている。

愛を求めて、好きな「ふり」。

嫌いな「ふり」。

満足している「ふり」。

◆「無理のない人」は強い

「ふり」をしてもなにも解決しないのだから、やめればよい。

でもやめられない。無意識に「内なる障害」を持っている人である。

「ふり」をしてもなにも解決しないと分かって、やめられる人もいる。それは無意識に深刻な問題を抱えていることに気がついた人である。

自分自身であるときには、安心感がある。くつろいでいる、警戒心がない。無防備になっている。

自分自身であるときには、コミュニケーションできる心理状態になっている。やりたいことがあるけれど、ストレスがない。

ヘロインで死んだ彼は、無理をして自分の欲求を抑えれば抑えるほど絶望感と憎しみが無意識の領域に堆積した。

無理のない人は強い。

無理を重ねている人は弱い。

彼らは仲間と仲良くしなければいけないという規範的圧力や、ひとりになるさみしさから人と仲良くするだけで、生の感情を体験していない。自発的な感情から人とかかわっていない。

皆から軽く扱われていると無意識で分かりながら、孤独が怖くて仲間を求める。軽く扱われているという不愉快な感情を抑圧する。

親友ではない人と親友のふりをする。親友として仲良くしなければならないという規範に縛られていた。嫌いという感情を無意識に追いやる。それからの解放ができない。

友人を嫌ってはいけないという規範意識から、道に迷い出す。元々友人という名前の「冷たい人」に過ぎない。

彼らの心には〝手錠〟がかけられている。

その心の手錠を外して、本当の感情を体験する。神経症的感情ではない。元々の本源的な自分の感情である。

残念ながら「ああ、これが楽しいということなんだ」という体験を、意図的にすることは難しい。

その体験さえできれば、自分の無意識の世界の歪みに気がつくきっかけになる。

その体験をするには、いままわりにいる人とは違った人を探すしかない。違った人と接するしかない。

9

もう、何者にもなろうとしなくていい

——不安が消え、進むべき道が見えてくる！

人生が行き詰まっているかに見えても、その人が無意識の絶望感を意識化できれば、人生は大きく拓けてくる。

どうしても人と一緒にいて楽しくない、人とうまくコミュニケーションできない、人のためと思ってしたことで嫌がられる、そのたびに怒りと落ち込みの繰り返しをする。

その、自分を苦しめるマイナスの感情の背後にある本質的なことはなんなのか？

問題は、その人がなにを言っているかではない。なにを意識しているかではない。「いまの自分に隠されている本当の感情はどのようなものなのか？」ということである。

人との会話では、言語的メッセージではなく、非言語的メッセージが重要である。

彼らが言っていることではなく、言っていることの裏に、どのような意味があるのか？

そこがコミュニケーションで重要なことである。

彼は本当に重要な自分の気持ちは言っていない。本当に重要なことは、本人も気がついていない。

人を判断するときには、その人がなにを言っているかは関係ない。その人が「なぜそのことを言うか？」である。

「臨床的には、いかなる意味でもうつ病ではないのに、うつ病という言葉を使う人がいる。」アーロン・ベックは『Depression』という名著の中でそう言っている。(1)

患者が「うつ病ですと言ったときには、検査をする人は、その患者の言外の意味を考えるべきである」と。(2)

問題は、彼らがどんな言動をしているかではない。

「ポジティブ思考で行け」と言われて、ポジティブ思考で、無理に笑顔を振りまいていても、笑顔でいることが苦しくなる。所謂《いわゆる》うつ病者の笑顔である。

問題は笑顔ではない。笑顔の裏に隠されている「本質はなんなのか？」ということである。

その場その場を体裁だけで取り繕うことで乗り切ろうとしても、笑顔を振りまきながら苦しくて死にたいと思っている人も中にはいる。

無意識の絶望感や恐怖感に向き合うのが恐くて無理して笑顔を振りまいている人もいる。

憎しみは不自然な明るさに変装することもある。

「明るさの後ろにある本質はなにか?」が大切な問題である。

周囲の人から自分が傷つけられたときに怒りの感情を表現しないで、笑顔で答えつつ憎しみを心の底に溜め込む。この状態が長く続くわけがないからやがて訳もなく切なくなるのである。

その長い、長い間、無意識にあった絶望感こそ、その人の「本当の感情」である。その人は、意識の上ではいままで、「本当の感情」を持つことはなかった。人にも、自分にも本当の感情を見せなかった。

だから人生が行き詰まったのである。

生まれてから長い間、自分を苦しめ続けた無意識にあった絶望感に気がつくことで、自己疎外から抜け出せるきっかけになる。そのときが自分として本当に生まれたときである。

絶望感、それは自分の力では自分の人生はどうにもできない、自分は求められない人間だ、そうした感情である。

絶望感こそ、自分のはじめての本当の感情である。それまで「好き」と思っていたことは、本当には好きではない。だからなにか分からないが、人生がなんとなく変だったのである。

それまでは、嬉しいも、悲しいも、美味しいも、不味いも、すべて周囲の他人がその人に期待する感情であった。まわりの人の顔色をうかがって、それに沿う感情を表現するばかりであった。

あるいは周囲の人から嫌われないためにあえて持った感情である。人からの批判を恐れて、持った感情である。

それらすべての感情は、その人自身の「本当の感情」ではない。

その人は「本当の自分」が分かっていないままで生きてきた。しかもその間「本当の自分」が分かることが怖かった。あえて「本当の自分」が分かっていないことに気がついていないままで生きてきた。

社会的な大きな仕事のことではなく、日常生活の小さなことから始まって、自分がなにをしているかが分かっていない。

◆無意識に「怒り」が降り積もる最悪の行為

心に思っていることを伝えてもトラブルにはならないのに、心に思っていることを伝えられない。

たとえば、自分はサンドイッチを持ってきた。

だが、他人から「あなたおにぎり食べない?」と言われて、おにぎりを食べてしまう。「美味しかったでしょう」と言われて、「美味しかった」と言ってしまう。

他人に譲っているが、納得して譲っているわけではない。指示されることにしたがっているだけである。

したがって、譲るたびに心の底に怒りが蓄積されている。

いままで長年にわたって譲って生きてきたことが、いまの隠された激しい怒りの原因である。

気に入られたいという気持ちのために人はどれくらい自分を痛めつけているか分からない。そしてどのくらい自分の攻撃性を抑圧しているか分からない。

無意識の領域での〝プライス（支払うべき対価）〟の高さに気がついていない。

この攻撃性を意識できたときに、理由なき不愉快を克服できる第一歩を歩みだしたと言える。


うれしくないことをうれしいと感じる体験を重ねるうちに、つまり小さいころからのストレスで、生命力を削がれてしまっている。

疑似成長して自分自身でない自分になり、相手のいいなりになる。無意識には不愉快になっている。その不愉快さに気がついていない。

評価されるために自分でない自分になる。

服従依存の中にいる。自分自身でないからうつ病になったように生きるエネルギーがない。

自分がどのくらい不愉快か、自己疎外されているから気がついていない。

恥ずかしがり屋の人は自分を閉じ込めている。いい顔をする。相手のいいなりになる。自分の気持ちを説明しない。説明できない。

「レジリエンス」という回復力のある人は、相手と自分の状況を認めた上で、困難を乗り切ろうとする。

レジリエンスのある人は交渉をする。交渉は自分自身になるための戦いである。

◆「そう、これが本当の私だ！」

繰り返し述べるごとく、デヴィット・シーベリーは、人間の唯一の義務は、自分自身になることであると述べている。それ以外に義務はない。自分があると思い込んでいるだけである。

重要なことは、他人が自分をどう思うかではなく、自分が自分を確認できるかどうかである。自分はこの人生でなにをしたいのかである。

自分自身になれない人の愛とか誠意はすべて偽りである。

自分が自分自身になれない人は、虚無感から他人を巻き込んで自分の人生を活性化しようとする。自分の無力感から、他人を支配しようとして愛という名の仮面を被ってサディストになる。

しかも恐ろしいことは、自分がサディストであることに気がついていないし、気がついても認めない。

無意識に絶望感のある人は、意識と無意識が乖離《かいり》している。無意識に絶望感を持っていても、社会的に適応していれば、外から見れば立派な社会人である。普通の人である。

外から見れば立派な社会人でも、自己疎外された人は、内面はいつもイライラしている、いつも気持ちが不安定である、いつも人の言動に怒りが湧く、いつも憂うつである。

でも表面的には穏やかで元気そうに見える。

内面の悪さと外面のよさである。家では心の冷たい狼でも、会社では別人である。

そういう人は社会的に見事に適応していて、会社で立派に働いていても、「本当の自分」が分かっていない。だから確かなものがなにもない。自分は、「本当の自分」が分かっていないということも分かっていないのだから、心は根無し草である。

そういう人は、本当は自分の人生に迷っている。社会的に適応していても、人生の迷路に入って、途方に暮れている。

無意識で自分に絶望して、人生に迷っている。

無意識では「どうしようか、どうしようか」と焦っている。

「はあ、はあ」言って逃げている。なにに追われているか分からないが、なにかに追われている。

ただ無意味に生きてきた。なにかに追われて、どうしていいか分からないままに、ただ時間に追われて生きてきた。

すでに述べたごとく焦りの根源もまた無意識にある絶望感であり、無意識の中にある感情の矛盾である。

平易に言えば、絶望感は傷ついた心から生まれる。もちろん、本人は自分の心が傷ついていることに気がついていない。

症状があるだけである。たとえば理由のない焦りである。なにか分からないが、迷っている。近い人の存在に腹が立つ。

心が傷ついていると、自分の傷を早く治そうとして時を待つことができない。すぐに治せないと落ち着かない。

それなのに心の傷は治らない。結果は出そうで出ない。焦るけれど、出口は見つからない。あそこが出口だと思ってそこに行くが、そこは出口ではない。すると別のところが出口に見えるので、そこに行くが、行ってみると、そこもまた出口ではない。

しかしその人生に迷っている自分を感じて、この迷っている私、「これが私だ！」と気がつけば、大きく人生は拓ける。

なにかに追われている、なにに追われているか分からないがなにかに追われている、なにかが怖い、なにが怖いかは分からない、でも「これが本当の私だ！」と気がつけば、大きく人生は拓ける。

しかし迷っている自分に気がつかない。

神経症的傾向の強い人は、人に優越することが、自分の心の葛藤を解決する唯一の道だと信じ込んでいる。しかしそれは完全な錯覚である。妄想である。

なぜなら、こんなに努力してもいまもなお理由の分からない苦しみに悩んでいることが、その証拠である。努力すれば努力するほど、事態が悪化する。どんなに努力しても、救いは見つからない。

人を侮辱しても侮辱しても、道は拓けない。安らぎはこない。救いになるようなものを見つけても、掴んでみると消えている。そしてもっと怖いことになっている。

「怖い！」

理由は分からない。

でも「怖い！」。

これがその人の無意識にある「本当の感情」である。しかし無意識だから、昼間社会で働いているときには「怖い！」という感情には現実感がない。

「怖い！」という感情に気がつかないし、時にふと気がついても、自分が「怖い！」と感じていることを認めない。

会社で働いているときには、栄光化された自己のほうが、その人には現実感がある。そこで自分を脅かす世界に対して自分はどのように対処するかということで間違える。

実際の自分の能力を無視するような非現実的な栄光を求める。自分の体力や、自分の資質を無視して栄光を求める。その結果挫折する。

その挫折を認めない。この「認めない」ということがポイントである。

◆「自分に気がつく(セルフアウェアネス)」ということ

挫折を認めれば、自己栄光化から自己実現にエネルギーを変更できる。そこでいままでとらわれていた歪んだ価値観に気がつく。

それがロロ・メイの言う「意識領域の拡大」である。

「本来の自分」に気がついてくる。

意識領域の拡大こそ、真の意味の自己栄光化である。

そして人生は拓ける。

それが「自分が変わる」という意味である。

どうにもできないときには「あなたが変われ!」という意味である。

歪んだ価値観に固執する人は、まさに「どうにもできなくなっている」。

「もうどうにもできなくなっている」にもかかわらず、栄光化された自己に固執する。

そして自己栄光化の挫折を認めないためには、「私は不運だ」「お前たちが悪い」「私なんか生まれてこなければよかった」と拗《す》ねて、自己防衛的な主張をするしかない。

「どうにもできなくなっている」ということは、「いまの病んだ、歪んだ価値観の集団から抜け出せ」というメッセージである。

ここでいま述べたロロ・メイの言う「意識領域の拡大」があり、カレン・ホルナイの言うように「内面の自由と力」を獲得するときである。

意識領域の拡大とは、視野を広げることである。いままで「偉い！」と価値をおいていたことが偉くはないかもしれない、それは多くの価値の中のひとつでしかないと分かることである。

それは「self-awareness」につながる。自分に気がつくことである。

それはまたハーヴァード大学のエレン・ランガー教授のいう「マインドフルネス」でもある。

「自分に気づくこと（self-awareness）」は現実否認の逆である。悩んでいる人が、自分の不得意領域にとらわれている。そこに価値があると錯覚している。歪んだ価値観にとらわれている。

自分に気づいている人には抑圧がない。自分が意識している自分と、「実際の自分」とが同じである。

自分の無意識にある絶望感の原因は、自分の歪んだ固定観念である。歪んだ固定観念で、自分を評価して、自分が勝手に自分に絶望している。

自分に気がつき、それを認めることは最も苦しい。でもそこで成長する。

成長するが、とにかく「現実の自分」を認めることは苦しい。

だから抑圧がおきる。つまり本当のことはあまりにもつらいからその意識を無意識に追いやる。

しかし、どんなに苦しくても「現実の自分」を認めることができれば、最後には劣等感は解消できる。

なぜなら自己認識ができれば、他人への感情移入が起きる。人との心のふれあいができる。

逆に深刻な劣等感のある人は利己主義者だから、人との関係のなかで人生の積み上げがない。頑張って努力したことが後に生きてこない。人との心のふれあいがないから思い出がない。

「スチューデント・アパシー」といわれる無気力な学生がいる。このような人達は、卒業した後で、学生時代になにをしたか覚えていない。友人も覚えていない。人生の積み上げがない。

山が好きで山岳部に入った人は、それぞれ登った山をよく覚えているし、合宿のことをよく記憶している。さらにそこで生涯の友を得ている。

つまりそういう人は、学生時代に人生を積み上げている。さらに学生時代の土台の上に高齢期がある。

10 「心の視野」が広がるマインドフルネスな生き方

――「視点を増やすこと」がすべての突破口になる！

人は恐怖感から、自分の「本当の感情」に気がつくことから執拗に逃れる。それがいまの「自己疎外された人生への固執」である。いまの人生が「空」であることに気がつくことを拒否する。

本当に感じていることと、感じていると話していることとは違う。

私は「こう思っている」ということと、私が「本当に感じている」こととは違う。

カレン・ホルナイの言葉を借りれば、「無意識の作戦」である。

神経症的傾向の強い者には、自分の本当の感情に気がつくことから執拗に逃れる「無意識の作戦」がある。

その作戦が成功している限り、人生は行き詰まったままである。


「悟り」とは、新しい価値に気がつくことである。それは視野が広がることである。自分のいままでの価値観が、狭い世界の独りよがりの価値観であることに気がつく。

それがロロ・メイの言う「意識領域の拡大」である。

不愉快とか憂うつとかいうマイナスの感情に苦しめられたときに、「なぜ自分はこんなにつらいのだろう？」「なぜ自分はこんなに不愉快なのだろう？」と考えることで、「意識領域の拡大」ができる。

したがって、「悟り」とは活発な精神的活動である。人生の戦線から撤退することではない。ひところ流行った「悟り世代」というのは、完全に間違った解釈である。

意識領域の拡大と同時に重要なのは、エレン・ランガー教授の言う「マインドフルネス」という概念である。

多面的にものごとを見ることである。

「なぜだろう？」と考えることで、多面的にものごとを見られるようになる。

「なぜだろう？」と考えることで、固定観念にとらわれた心をなおすことができる可能性が出てくる。


私は若いころ、10しかない自分の能力を20に見せようとした。

少しして、そうするから心休まるときがないと思った。

さらに年月を経て、次のように分かった。

若いころ、自分の能力は10しかないと自分で勝手に決めつけていた。

そして、20なら人は自分を認めてくれると自分の世界観のなかで勝手に思い込んでいた。

つまり私は自分の世界観のなかだけで生きていた。周囲の人が見えていなかった。

周囲の世界が見えたときには、いまの自分のままで皆が認めてくれるということが分かった。

◆心が強い人は「過剰に反応しない」。なにごとにも

マインドフルネスでないのが、ナルシシストである。

多面的視点からものごとの認識ができない。

「私はこの点で優れている、この点では優れていない」というような認識ができない。

ナルシシストは批判されれば激怒する。激怒しないときには落ち込む。

得意になったり、落ち込んだりという心の揺れが激しい。

多面的視点からものごとの認識ができれば、なにか批判をされたときでも、怒り心頭に発するということが少ない。また極端に落ち込まない。

他人を見るときにも、相手の弱点と長所を理解している。すべての点で自分のほうが優れているということは考えられない。そこで得意になったり、落ち込んだりとい

う激しい心の揺れがない。

いままで自分が求めていたものは唯一の価値ではない。多くの中のひとつの価値である。

自分の本当の姿に直面することを拒否する「自己疎外」された人やナルシシストは、そのように視野を広げることができない。意識領域の拡大ができない。

エレン・ランガー教授の言葉を使えば、マインドフルネスでない。つまり視点を増やせない。

逆に言えば、不運なときにも視点を増やせるのが心理的に健康な人である。

なぜ、新しいものの見方ができないのか。なぜ意識領域の拡大ができないのか。

それはなによりも「依存心」である。さらに無意識の領域に「憎しみ」があるからである。周囲の世界に憎しみがあるから、まわりの世界を見返したい、復讐したいという気持ちが先に来る。

神経症的傾向の強い人達にとって、新しいものの見方をするということは、復讐ができなくなるということである。

いまも述べた通り神経症的傾向の強い人は、自分につまずいたときに、目的を変えられない。

人は「自分に向いていないと分かれば、他の職業に切り替えればいいじゃない」というが、本人にはその柔軟性がない。「とにかくやってみよう」という自発性もない。「見返したい」にしがみついているから、いまの目的を変えるということが考えられない。とにかく世間を見返したい。その心の姿勢があるから変化に対応できないのである。

柔軟性がないし、すでに生きるエネルギーがないのである。

ジョージ・ウェインバーグは「柔軟性に対する最高の挑戦は抑圧です。[1]」と言う。

◆「無意識」があなたの心の柔軟性を奪っている

「ちょっと見方を変えてみる」という簡単なことができないのはなぜか？

少し頭を切り替えればできるのに、それができないのはなぜか？

それを反対している内なる妨害はなにか。それは無意識の葛藤である。

少し工夫すれば、そんなに心配しなくても生きられる。

しかし無意識の「内なる障害」があるから、それができない。

その人から柔軟性を奪っているのは無意識である。意識の上でどんなに「柔軟になろう、柔軟になろう」と頑張っても柔軟性は獲得できない。


前に書いたように、フロイドは悲観的に「人は常に苦しみたがる」という。そんなバカなという人も多いであろうが、この「ちょっと見方を変えてみる」という簡単なことができないのは、「常に苦しみたがっている」例である。

苦しむことで無意識にある隠された怒りを表現している。頑固になることで、隠された怒りを表現している。

少し積極的になれば、道は拓けるのに、人生が行き詰まる。少し積極的になることを拒否しているのは、無意識にある「退行欲求」である。

「人は常に苦しみたがる」という、その苦しみ方はいろいろな形で表現される。

毎日嘆いている。それも表現のひとつである。

でもなにも起こらない。

愚痴をこぼすまえに、人を恨むまえに、無意識に直面する。

直面できれば「生き方を変えてみよう」と思える。

◆「誰かに認められること」に価値をおかない

先に「視点を増やすことは幸運の扉を開く」と書いたが、逆もある。人を不幸の部屋に入れて閉じこめてしまうのが視野の狭さである。

幸福にしろ、不幸にしろ、いずれにしても鍵を握るのは視点が多いか、少ないかである。

それをさらに深めていくと依存心と自立心である。

与えられた解釈基準ではなく、自分独自の基準を持つ。それが独自の世界を持つということである。自立心である。

「なにかをやってよかったと思う達成感」

「認められた満足感」


この2つの違いを理解していないから人生がおかしくなる。

「なにかをやってよかったと思う達成感」で生きてきた人は、視点が多い。だからいつでも望ましい視点で生きられる。逆境に強い人である。

「認められた満足感」で生きていた人は視点を変えられない。パラダイム・シフトができない。

マインドフルネスではなく、マインドレスネスになる。

マインドレスネスな人は、私は美人でないから嫌われたと決め込んでいる。私は大企業で働いていないから軽く見られたと決め込む。

「なにかをやってよかったと思う達成感」で生きてきた人は、自分の居場所のない立派な家よりも、自分の居場所のある掘っ立て小屋のほうがいい。

◆あるエリート・ビジネスマンが人生を取り戻した話

超エリートではないある中途半端なエリート・ビジネスマンが、深刻な劣等感に悩んでいた。常に超エリートの知人と自分を比較していたからである。

彼は権威主義的な父親に、非現実的に高い期待をかけられていた。そしてなんとかエリートコースを完全には落ちこぼれないで、生きてきた。模範的生徒から、模範的ビジネスパーソンとして生きてきた。

しかし「疑似自己」のため、神経症的症状もあった。いつも胃の調子が悪くて不眠症に悩まされていた。

父親が認めてくれない、ただそれだけのことで自分を小さいと感じた。

その彼があるとき、生き生きとして見違えるよう元気になった。不眠症もなおったという。

なぜか？

それは、彼がある人のアドヴァイスで、自分の人生を見る視点が変わったからである。

彼はそれまでは、自分の人生を、社会的成功への過程という視点でとらえていた。そうとらえていると、彼の人生は超エリートといわれる人たちに比べると、大学は超有名大学ではないし、会社も超有名企業ではない。そして会社からの留学先も世界の有名大学ではない。彼の履歴はすべて中途半端であった。

そして常に親から超エリートと比較され、必死で頑張っていた。その結果、深刻な劣等感からいつも体調不良に悩まされていた。

ところが彼は自分の人生を、「成功への過程」ととらえるのではなく、「親からの自立」という視点でとらえることで、彼の気持ちは一変した。

自分の人生への視点が変わったことは、彼にとってはまさにコペルニクス的転回であった。

「親からの自立」という視点から見ると、「自分はよくやった」という気がしたのである。

そしてまさに親との戦いが自分の人生であったという気が、心底した。

自分の人生の本質は親との苦闘であって、表に表われているのはその現象であることにすぎないと気がついた。自分は表に表われている現象に一喜一憂していたことに気がついた。

自分の人生を、成功への過程ととらえていたのは、自分自身が親の期待を内面化しただけであったと気がついた。彼は自分の依存心に気がついた。

彼は小さいころから親のプレッシュアーでものすごいストレスに悩まされた。大学の入学試験は、死ぬほどのプレッシュアーで不合格になり浪人になって、自死しようとしたこともあった。

自分の人生すべてがプレッシュアーとの戦いで、心理的に健康な人とはまったく違った人生であることに気がついた。

そして彼にとって価値あることは、権威主義的な父親の眼に成功者と映ることであると気がついた。

父親の眼に成功者と映ることが大切な彼は、小さな失敗に絶望する。父親の眼に成功者と映ることが大切な彼は、一度失敗するとその失敗のことばかり考えて、父親から失望されることを怖れた。

そして彼を取り巻く人間関係は、親以外の人たちもすべて歪んだ価値観にとらわれていた。彼はそういう空気を吸って成長した。


しかし彼の自分の人生を見る視点が変わった。

彼は自分の人生は、父親との苦闘だったと分かった。

相談した人から教えられた「自らの運命を成就するための人生」という視点に立ったときに、自分と他人の見方が変わった。自分が、比較して劣等感を持っていた人々が自分の比較対象でなくなった。


視点を変えれば、いままで見えなかったものが見えてくる。

その結果、深刻な劣等感から解放され、生産的なエネルギーが解放された。体調不良のひとつである偏頭痛もとれて前向きになった。

心理的に健康なビジネスパーソンのエネルギーの方向と、いままでの自分のエネルギーの方向とはまったく違っていたということに気がついた。

そして自分が深刻な劣等感を持っていた超エリートの中にも、蘇った自分と同じ視点で人生を見ていない人がいるということに気がついた。

そういう人は、超エリートコースを歩いてきた後で、うつ病や自死など深刻な挫折に陥っていたことも分かった。

「自己喪失の態度は、絶望感を大きくするだけでなく、たとえあなたが努力していても、その効果がなくなります。[2]」

彼は、いままで自分の人生を「成功への過程」ととらえていたのは、自己喪失の歴史でしかなかったと気がついた。

彼は自分の人生を見る視点を変えたことで、人と比較しない自分固有の人生に気がついた。自分の無意識の世界まで視野に入れることができて、世界は変わった。

「人と自分を比較するな」と多くの人が言う。「他人は他人、自分は自分」と多くの人が言う。

そして本人もそう思おうとする。しかしいくら自分に「他人は他人、自分は自分」と言いきかせても、心の底では納得していない。

しかし自分の人生を見る視点が変われば、自然とそう思えるようになる。無意識の意識化、それがロロ・メイのいう「意識領域の拡大」である。

視点が変われば、見えないものが見えてくるからである。


いままでとは違ったやさしい人たちとの交流が始まる。心を開くというはじめての体験が始まる。心の絆ということが理解できてくる。相手にも自分にも個性が有るということが分かってくる。

世界はまったく違ってくる。

そのとき、絶望から希望への旅が始まる。自分の人生を生き抜くための新しい目的が見えてくる。

11

「自己肯定感」より「自己受容感」を高める

――「幸せになりたいなら、大いに苦悩せよ！」

オーストリアの精神科医フランクルは「成功と失敗」の範疇でしかものを考えられない人を「ホモ・ファーベル＝働く人間」と言っている。

また、「充足と絶望」という軸で生きる人を「ホモ・パチエンス＝苦悩する人間」と言っている。

ホモ・パチエンスは、最もはなはだしい失敗においても自らの生を充足できる人である。(1)

フランクルは次元的にホモ・ファーベルよりもホモ・パチエンスが優位であるという。

たとえば、誰にとっても失恋は苦しい。

しかし、表面的に恋に失敗しても自らの視野を広げた人は、本質的には恋が実ったのである。

恋が実って幸せになれる人は自分に絶望していない人である。

そういう人は「成功と失敗」という軸でだけ人間を考えるのではなく、人生の意味や価値を考え出したのである。

苦悩が大きいほど、その人の人生の価値と意味も大きくなる。

このような考え方は、「成功と失敗」の軸でしか考えない人にとっては「なにかばからしいものとして思われることでしょう」とフランクルは言う。(2)

しかし、このような考え方をばからしいとして退けていると、本当の幸せも逃げていく。

人は誰でも傷つく。そこでその傷をどう処理するかで生き方を間違える人が多い。人はいったん傷つくと傷つきやすくなってしまう。

つまり傷ついたことで傷つくまいと防衛的になる。防衛的になることでさらに傷つきやすくなるし、人に心を打ち明けられなくなる。

本当に自分の人生の価値と意味をわが手に掴み、幸せになりたいのなら、失業、失恋して大いに苦悩し、そして耐えることである。

しかしこの苦悩はあくまでも成長の過程における苦悩である。失業して会社を恨むための苦悩ではない。失恋をして相手に復讐するための苦悩ではない。

◆「見方を変える」と世界が一変する

視野を広げてみれば、いままで自分が恐れ尊敬していた人が、じつは自分で自分を支えられない、力がなければ生きていけない弱い人だったと気がつく。

逆に社会的に成功していなくても楽しく生きている人が見えてくる。世の中にはたくさんそういう人がいるのが分かる。

なぜあの人は気楽に生きているのに、自分は欠点を出すまいと緊張して激しい疲労に悩まされるのか?

同じ人間なのに、あの人と自分とはどこが違うのか?

あの人は、自分と違ってどのような心構えで生きているのか?

自分が捨てられないことで、あの人が捨てているものはなんなのか?

あの人と自分と、人生で重要なものはなにが違うのか?

同じ顔をしているが、心はどう違っているのか?

あの人たちの心は芳醇だけども、自分の心は枯渇している。

いままで自分が蔑んでいた人たちは、実は尊敬するに値する人たちではなかったのか?

いままで自分が歪んだ価値観の世界にいたからこそ、あの人たちを軽蔑していたのか?

ではなかったか。

人生が行き詰まったとき、逆が正しいとはこのことではなかったか。

あの人たちが信じていることと、自分が信じていることはどこが違うのか？

自分の不安な緊張の本質はなんなのか？

そう考えれば救われる道に入っていく。

◆もう、「自分の感情」に振り回されない！

中高年になって人生に迷っている人は、無意識の絶望感が、その人の心理的成長の障害になっている。

それはカレン・ホルナイの言う「内なる障害」である。

自己執着とは、この内なる障害に支配されている人の心理状態である。自己執着とは、長年にわたって無意識に蓄積されたものに心が支配されている人の心理状態である。

自己執着とは逆に、「自分を忘れる」という心理状態がある。そして「本当の自分」の感情に気がつくことがある。これが本当の解放である。これが自己実現である。

人から何気なく言われた言葉で、すごく傷ついてしまう、イライラしたり、クヨクヨ悩んだり、憂うつになったり、どうしても気持ちが塞ぎ込んだり、「あんな奴のことは忘れよう」としても、いつまでもなぜか忘れられない。

負けたことが心の中でゼロにならない。感情が残る、負けた悔しさが尾を引く……人はどうしようもない感情に振り回されることがある。

勤勉な努力家と思ってもらいたいと思ったら、怠け者と思われた。そこで不愉快になる。

自分が望むように相手が思ってくれなければ面白くない。

すべて自分の気持ちは他人の反応であり、他人が期待通り感じてくれたか、くれないかが重要である。

こういう人が自己執着の強い人である。

「もう、辞めよう」としても、自分がマイナスの感情に支配されて身動きがとれないことがある。自己実現的な行動をとろうとしても、いざとなるとやる気になれない。

しかしそのマイナスの感情の後ろに隠されている本質はなにか？

それを思い切って探す。その気になり、それがどんなに「偽りの自尊心」を傷つけようと、どんなに驚きであろうと、それを認める。

そして人生は拓けていく。

「本当の自分」、「実際の自分」を本気で知ろうとすれば、悩みは解決する方向に向かう。

そうすれば、次第に「自分の本当の感情」にしたがって生きていかれる。

それができるか、できないか。

いまとなっては、それが人生最初の課題である。

気がついたことを認めないで神経症的自尊心を守ることに固執すれば、人生はいつまで経っても拓けない。

人生が行き詰まったままである。

人生の心理的課題の解決ができていない人は、いかに相手の意に沿うかしか考えない。

問題はこの固執する態度の後ろに「なにが隠されているのか？」ということである。

なぜかくも頑なに、自己中心的な価値観にしがみつくのか。

自己執着の強い人は、心の葛藤を解決しようとする姿勢そのものがない。

自分がなぜ、意味もなくこんなにクヨクヨ悩んだりしているのか。

そういう心理の背後にある本質に、なぜ気がつこうとしないのか？

そこには誰にも知られたくない理由が、なにかある。誰にも、つまり自分にも知られたくない理由があるに違いない。


「なにが自分をこんなに悩ませているのか？」

「なんで自分はこんなに焦っているのか？」


誰でも、本当のことを言うことには困難を抱えている。

心の奥に抱えている問題を話すことの困難さは誰にでもある。

人は誰でも、生まれてから心理的に未解決な問題を無意識に抱え込んで、違った外面を見せて生きてきている。

その心の底に抱えている問題を、正直に自分に話すことで、自分が自分を理解できるようになる。

自分が自分を知ることができるようになる。

そうすればスッキリした気持ちで生きられる。

自分を理解できなければなにも始まらない。

自分がモグラか鷹かが分からなければ、空を飛んでよいのか、土に潜ってよいのかも分からない。

自分を知ること自体は目的ではない。それは自発的成長の力を解放する方法である。(3)

◆「自分を知る努力」が幸せな人生の必須科目

誰にでも力はある。

問題はその力を発揮できるかどうかである。

その力を発揮するためには、絶対に自分を知る必要がある。自分はネコと分かるから木に登る。自分は犬と思っていれば、木に登らない。

モグラと分かっていれば、空を飛ぼうとしない。

無意識を意識化することが「自分を知る」ということ。

自分を知ることを拒否した人は、人生最後まで救われない。

大切な努力は「自分を知る努力」。

自分が猿と分かれば、泳ごうとしない。泳げないことに劣等感を持たない。

自分が魚と分かれば、木に登ろうとしない。登れないことに劣等感を持たない。

木に登れないことを嘆かない。

「ああ、なんで俺は木に登れないんだ」といつまでも嘆いて、貴重な時間を無駄にしない。木に登れる猿と自分を比較しない。

運命が違うのだから。

運命を受け入れる。不幸を受け入れる。だからすることが分かる。

これもシーベリーの言葉である。

過去も遺伝も、いまの自分を受け入れる。

「私はできない」と言って、そのあと努力しない人は、自分の限界を受け入れたのではなく、たんに、無責任人間になったというだけのこと。

自分を受け入れるということは、どのような自分であれ、その自分の価値を信じること。自己の内なる力を強化すること。

名声、力などでは「ひとりになる」ことに耐えられない。

大切なのは人と関わる中での努力。いままでの努力の方向を変える。

自分を受け入れるということは、元気になること、意欲的になること、感動するようになること。

自分が本当に求めていることが分かるということが、アイデンティティの確立である。自分の得意領域と不得意領域が分かることがアイデンティティの確立である。

そしてそのことで人生の諸問題を解決する能力がつく。

捨てる物は捨てられるし、受け入れなければならないことは受け入れる。

鳥でもないのに空を飛びたいというのは、人生のリスクが増すだけである。自分が本当にやりたいことが分からないからである。それは長いこと自分の内面に、心に耳を傾けないで生きてきたからである。

しかし、それには乗り越えなければならない「内なる障害」がある。その人の「私はこうだと主張しているその私」と、「実際のその人」との間には大きな乖離がある。意識では「私は自信がある」と自信を誇示しているが、無意識では「私は自信がないんだ！」と床に座って叫んでいる。

「実際のその人」と、その人が周囲の人に見せている姿の間には大きな乖離がある。仮装舞踏会で、仮装している人が、自分が仮装していることを忘れているようなものである。

女装した男性が、自分は女装していると分かっていればよい。人生が行き詰まっている人は、自分が女装しているということに気がついていない。

人生が行き詰まっている人は、「自分のなにが問題なのか？」を理解すればよい。

まわりの人とうまくいかないのは、独りよがりの正義感かもしれない。

「ＩＱではなくＥＱだ」と騒がれた時代があった。ＥＱの要は感情の自己認識である。(4)

「私はできない」と言って、常に人になにかをしてもらおうとする人は、自分の無力を受け入れたのではなく、たんに、利己的人間というだけのこと。

自分を受け入れるということは、どのような自分であれ、その自分に喜びを感じることだから。

12

自分の人生を決めるのは「いま、ここに生きる自分」

――あなたは、必ず幸せになれる！

子どものころ焦っているのには、それなりの原因があったに違いない。周囲の人からの「早くこれをしろ、すぐにあれをしろ」というプレッシャーをかけられる。でもそんなときに言われた通りにはできない。そこで焦っていたかもしれない。「お前はこんなこともできないのか」という親からのプレッシャーがあったに違いない。

しかし大人になって、立派な社会人になっても、まだ小さいころと同じように心は焦っている。それはもう外からのプレッシュアーではない。内面化した親に自分が支配されているだけである。

そのままの自分でいるのが怖くて焦っているだけである。本当の自分に気がつくのが怖くて焦っているだけである。

カレン・ホルナイの言葉を借りれば「内なるプレッシュアー」である。[1]

大人になって違った人間関係の中にいるのに、感じ方は小さいころと同じである。小さいころと同じように焦っている。体は現在にいるけれども、心は過去にいる。

それを解決するには、やはりいまの自分のプレッシュアーは「内なるプレッシュアー」であると考えることである。そうして、対処し解決しようと工夫することである。

「同じ刺激が異なるコンテクストでは異なる感情になることに気づかないと、私たちはみずから作り出した感情連想の犠牲となる。[2]」

つまり、私たちは不愉快な感情に苦しめられているときに、もうどうしようもないと思う。しかし、実は他の感じ方がある。

エレン・ランガー教授はさらに「感情はとらわれに基づいている」と言う[3]。

小さいころからの心理的に未解決な問題を、腰を据《す》えて整理することである。

「我々の大人になってからの人間関係の困難さは、小さいころの人間関係の点から理解されなければならない。

我々の大人になってからの人間関係は、小さいころの重要な他者との人間関係における未解決の困難が転移したものである[4]。」

つまり大人になったいま、対人的困難をいろいろと抱えているのは、幼児期に重要であった人からの束縛から未だに逃れられないということである。

とにかく自分の幼児期に重要であった人からの心理的束縛から逃れることが死活問題である。

小さいころから親を信じられない人が、大人になっていきなり「人を信じよう」としても無理である。無理がある。

したがって最大の心理的課題は、人を信じられるようになることである。

解決方法は、「信じられる人を探せ！」である。

◆他人に自分の人生をゆだねるな

難しく言えば「他人のなかに自己同一性を求める」ことを止めることである。

他人に「不当な重要性」を与えるなということである。

人間として挫折するのは、テレンバッハの言葉を借りれば、「自己同一性の供給源として他人」が重要になり過ぎていることである。

相手に気に入られると安心する。心理的に安定する。その生き方を自覚し、その生き方を止めることである。

この本で何度も、

いま悩んでいることの裏になにがあるのか？
いま悩んでいることの裏にある本質はなにか？

と書いてきた。

悩んでいる人は、いま悩んでいることが問題だと思っていることが多い。
悩んでいる人は、過去にとらわれているのである。そのことを理解しない限り、救いはない。しかしそのことを理解すれば、救いの道は見えてくる。
つまり悩んでいる人は、自分はいま、なににしがみついているのかを理解しようとすることである。

「いかなる反応も完全に過去から自由であることは期待できません。[5]」

何度も言うように、たとえばいま主張していることは、自分が本当に主張していることだろうか？

本当にそう思っているのだろうか？

いま、「こうあるべきだ」と言っていることが、本当にいま、「こうあるべきだ」と思っているのかどうかである。

「こうあるべきだ」といま言っていることが、「自分の無意識にある絶望感」から自分を護ろうとして言っていることかもしれない。「自分の無意識にある絶望感」が本質であるかもしれない。そのことが理解できるか、理解できないかである。


我々は、楽観主義になったり、悲観主義になったりする。しかし悲観主義になっているときに、本当に悲観主義になっているのだろうか？

悲観主義は巧妙に偽装された攻撃性であるとアドラーは言う[6]。

もしかすると、悲観主義的なことを言っているときに、本当のところは、誰かを批判しているのかもしれない。誰かを攻撃しているのかもしれない。目の前にいる人を批判しているのかもしれない。

そしてその批判も、その人の「本当の気持ち」だろうか？

「あなたが嫌い！」と相手に言えないときに、「どうして、ここに水をこぼしたんだ」というように相手を責める。

周囲を敵と思っている人は、このようにして相手を責めることで「あなたが嫌い」という自分の感情をすり替える。


アメリカの精神科医サリバンは、「パラタクシス」という言葉を導入した。

パラタクシックな対人関係とは、人々の現在の対人関係における「歪み」である。[7]

一般的に「パラタクシス的歪曲」とは、表向きの課題の他に、裏に真の課題があり、その真の課題が表向きの課題に強力に影響しているということである。

どのようなトラブルであっても、それを解決するためには「この問題の核心はなにか？」ということをつかまなければならない。

ことが起きたときには、「この本質はなにか？」と考える。

起きたことは本質ではない。それは現象である。現象と本質は違う。

だからことが起きたときには、それが何事であれ「この本質はなにか？」と考えることが大切なのである。
「パラタクシス的歪曲」が起きるときにはすでに、それ以前からお互いの関係がうまくいっていないことが多い。

批判の後ろにある「その人の本質」は、無意識にある恐怖感から自分の価値を護ろうとしているのかもしれない。

その本質を理解できてはじめて、自分の人生の迷路から抜け出せる道が見えてくる。

自分の本質に気がつき、それを認めたとき、人は豊かな人生を歩き始める準備ができた。

意味ある人生を送る鍵、それは自分の本質に気がつくことである。自分の本当の感情に気がつくことである。

そこではじめて、いま、付き合っている人の本質も理解できる。

そして人は、自分の本質に気がつき、自分の本当の感情に気がついたときには、確かな自分を感じる。

自己疎外された人は、どんなに偉そうなことを言っても、確かな自分を感じていない。どんなに偉いポストについても、「これが自分だ」という確かな自分の存在を確認できていない。

自己疎外された人は、要するに自分を騙しているだけのことである。「人生が行き詰まっているということ」は、もう自分を騙しきれないということである。

「不安をだますことはできても、想像力の喪失という尊い犠牲を払っているのである。[8]」

◆マイナスの出来事も、自分自身の「大切な財産」

マインドフルネスな人は、不愉快なことは、楽しい人生への過程とみる。そしてなにか困難なことがあると、「いま、気がついてよかった」と思う。

マインドレスネスな人は、いまの不愉快な気持ちにとらわれてしまう。

マインドレスネスな親は、子どもを見るときでも、たとえば不登校になったという結果だけを見る。子どもが「学校に行きたくない」と言うと、すごいことが起きたと思ってしまう。

マインドフルネスな親は過程を重視する。我が家が抱えている問題を目に見える形で表現してくれたのが子どもの不登校である。それは我が家が幸せになっていく過程で避けて通れない道である。

子どもの不登校、それは視点を変えれば「よかった」ことである。

「我が家の真の問題を解決するため」という視点に立てば、それは成功である。

人生ではトラブルは必ず起きる。

そのとき、「どうして?」と考える。

そしてそれを乗り越える。

努力をしない人達に、人生のハッピーエンドはない。

起きた問題を楽に解決しようとすると、どんどん生きるのが困難になる。

現実否認で、生きることがどんどんつらくなる。

カレン・ホルナイが神経症的傾向が強い人は苦しむことが好きであるというのは、その意味である。

神経症的傾向が強い人は苦しむことを通して無意識に蓄積された怒りを表現している。

だから、隠された怒りを表現できているときが一番心理的に楽なのである。そのときだけを取れば悩むことが救いになる。しかしもっと人生が行き詰まる。

エレン・ランガー教授はマインドフルネスというが、ロロ・メイは意識領域の拡大と言う。

意識領域の拡大をするにはいろいろな方法がある。その中のひとつは、難しいことではあるが、相手の立場に立って考えてみることである。そう簡単にできることではないが、それが相手を理解する努力である。

夫婦関係で言えば、夫は問題が起きたときに、妻の立場に立ってこの問題はどう見えるかと考えてみる。

交通事故の加害者になってしまったら、被害者の立場に立ってこの事故はどう見えるかを考えてみる。

これまた極めて難しいことではあるが、若者が高齢者の立場に立って考えてみる。

いずれにしろ相手の立場に立ってみるということは難しいことであるが、意識領域の拡大には大切な方法である。


ある整形外科の医師に聞いた話である。相手の立場に立って考えられる人は、治りが早い。

自分が交通事故の被害者なのに、「加害者の方の保険はちゃんと払われましたか?」と加害者のことまで考えられる人は事故の傷の治りが早いという。

それに対して一方的に相手方を非難している人の治療はなかなか難しいという。

意識領域の拡大の最も困難な人は、いったん被害者の立場に立つと正義を盾に、いままでの抑えていた憎しみを、つまり隠された怒りを吐き出す人である。

マインドフルネスな人というのは生きる知恵がある人のことである。

次の例はエレン・ランガー教授が書いていることである(9)。

ニューイングランド地方の冬はものすごく寒い。その寒さが嫌で、ニューイングランド地方の大学の教授をやめたいという人もいるくらいである。

そういうニューイングランド地方の冬が嫌いだという人を考えてみよう。

もし彼が、その嫌いだという感じ方をもっと細かく分けて探ってみれば、自分が本当に嫌いなのは冬そのものではなく、重い冬着を着なければならず、そうしたものを着ると体が自由でなくなるように感じるからかもしれない。もっと防寒の完全なジャケットと、もっと暖かい車があれば、彼の考え方も変わるかもしれない。

ニューイングランドの冬のなにが嫌いなのか？

ニューイングランド地方の冬は美しい。その美しい冬に憧れてニューイングランド地方の大学を受験する若者もいる。

美しさばかりでなく、冬にスキーを思う存分にできるということでニューイングランド地方の大学を選ぶ学生もいる。

同じ冬を嫌いでそこから引っ越したいという人もいればその冬が好きでやってくる

人もいる。

「嫌いだ、嫌いだ」と言っているばかりでなく、「なぜ嫌いなのだろう?」と考える。

「なぜ?」と考えることで、視点が増えてくる。

視点を増やすことは幸運の扉を開く。

◆人の幸せを決めるのは、その人の「無意識」

事実と幸せには決定的な関係はない。

些細な失敗で会社を解雇される可能性はないのに、些細な失敗をした後に「解雇されるのではないか」と心配している。

中にはなにも失敗をしていないのにいつも会社を解雇されることを心配している人がいる。

あるいは具体的に考えればたいした仕事ではないのに「仕事がはたしてうまくいくかどうか」心配する。

自分の実力を考えればそれほど困難な仕事ではないのに、「大変だ、大変だ」と考えている。その仕事をする前の日はそれを心配して眠れない。

具体的に考えれば多少体調が悪くてもその仕事をこなせないという仕事ではない。それなのに彼らは体調を気にし過ぎてかえって不眠症になったりする。

「なんとかなるさ」という安心感がない。

ようするに「あること」が心配で、心配でいられない人は、そのこと自体が心配というよりも、もっと基本的に自分の存在が依拠している世界に対して不安を抱いているのである。


人の幸せと相関関係があるのは、その人の無意識である。

いま自分はあることで心配している。それが問題だと思っている。ある人が自分の悪口を言いふらすのではないかと心配している。そしてその話が自分の好きな人の耳にも入るのではないかと心配している。あるいは職場にも、その話は届くと心配している。

自分の心配事は理にかなっていると思っている。そして毎日、不安で消耗している。

しかしその人は「なぜ自分は、こんなに心配しているのか？　この心配している不安の裏に隠されている本質はなにか？」と考えない。

シーベリーの本を読んでいたら次のような文章が出てきた。

Worry don't win.

心配は勝利せず。

そして次のように言っている。

「なぜこうも終始心配ごとで心を煩わせていなければならないのか。[10]」

それは自分であることを放棄したからである。

つまり、いま自分が心配事で悩んでいるのは、自分が「自己疎外」された人だからである。「自己喪失」しているからである。

朝から心配して、なにも手につかない。それは自分が自分の無意識にある絶望感や恐怖感から眼をそらしているからである。

シーベリーは、自分自身でありえないのなら悪魔になった方がましであると述べている。(11)

「なぜこうも終始心配事で心を煩《わずら》わせていなければならないのか」という問いかけは、意識領域の拡大を促し、視野を広げる姿勢である。

心配事を解決する姿勢である。自己疎外された人がいくら心配しても、心配事は解決しない。

なぜならその人が心配していることの真の原因は、そこにないからである。

すべての神経症者には、抑圧がある。

「ある真実を見たくないというのはすべての神経症にある」というのは、ジョージ・ウェインバーグの考えである。

つまりあなたはなにか重大な感情を自分に隠している。

その真実とは多くの場合、無意識にある絶望感と恐怖感である。

一生懸命にして、それでも明日が心配で眠れないときには、「実は自分は絶望しているのだな、その絶望感から目を背けるために神経症的に名声追求をしているな」と気がつくことである。

自分の力以上のことをしようとしている。だから明日が不安なのである。

もしそう考えられれば、大きく意識領域の拡大があった。視野が広がった。自分が自分自身に近づいた。

一生懸命にしてできないことは、できないこと。自分が自分自身で生きていれば、明日を煩うことはない。

明日、調子が悪ければ調子悪いのが「現実の自分」なのである。

シーベリーは「私が私自身ならなにを恐れることがあろう。恐れているなら、私自身ではないのだ[12]」と述べている。

いま、心配していることが問題ではない。自分が自分自身でないことが問題なのである。

そういうときに、恐ろしい幽霊の夢で目が覚める。

それは、なにか真実が自分自身に直面しようとしているのである[13]。

その夢は、無意識のなにを表現しているのか。得体のしれないお化けと必死で戦っている。

意識の領域ではどうであれ、無意識では得体の知れないものと戦っている。

こういうときこそ、自分自身に直面する勇気を持つときである。そして本当の自分を知るときである。

その人といると、いままで気がつかなかった自分の感情、願望、欲望に気がつくことがある。

たまたま自由な雰囲気の場所にいるときに、人は成長する。それは貧しい部屋かもしれない。小さくて、薄暗い部屋かもしれない。豪華な場所にいるときに、心が成長するというものではない。

どういう人といると、心は成長するのか?

いま、一緒にいる相手が、なにを言っても自分を責めないということを自分が知っている、自分の本当の感情を出しても、相手は自分を責めないことを自分は知っている、自分の弱点を出しても相手から責められないことを自分は知っている、そういう相手である。

この人とここにいるときには、この自分の弱点を恥ずかしいと思わない。

自分はこんなに頑張った。でもできなかった。そのできなかったことを大きな声で言える。そういうときが「本当の自分の感情」でいるときである。


精神科医が「心に浮かぶことをなんでも言いなさい」と言っても、患者は言えない。

「ことに完全主義者は、言えない。」(14)

完全主義は、なにかに対する防衛である。(15)

完全であろうとする努力は、自己蔑視、自己憎悪に対する防衛である。

そしてそれは外からの批判に対する自己防衛である。(16)

「完全であるべき」という基準は、ずっと災いのもとですとシーベリーは言う。(17)


自分は生きづらい、生きるのがつらいと思ったら、とにかく、それを言える人を探す。言える場所を探す。

この木の下にいると、気持ちがリラックスする。そういう木でいい。あるいは犬で良い。この犬となら感情を共有できる。そういう犬が最高の友である。

友達は人間でなければならないということはない。

◆あなたの生きる道は、ひとつじゃない

「本当の自分」を自分自身で完全に否定して、「違う」と言い張る人もいるが、多くの人は、なんとなく、ただなんとなく漠然と、自分を知っている。

しかしそれを認めたくないから、そのことから目を背けているだけである。

ことに神経症的傾向の強い人は、自分についての本当のことから目を背けて、本当のことは認めない。

自分が生きるのがつらい人は、その「認めない」ことに、生きるのがつらいことの内的な原因がある。

しかし、この人の前ではなぜか言える、という人がいれば、その人は、神経症者にとって救世主の存在である。

いつも無口な人が、ある人の前では自然とおしゃべりになる。その人の前では、ありのままの自分は「許される」という感覚になっているからである。

社会的には許されないことが、その人の前では言える。規範意識から許されないことが、その人の前では許される。

小さいころから相手との対決がないから、心理的成長がない。そういう人は、自分は誰かを傷つけるのではないかと、いつも恐れている。それなのに、その人の前ではそういうことを言う恐怖感はない。

いつもこんな軽率なことを言って、軽蔑されるのではないかと恐れているのに、その人といるときには、そんなことが頭に浮かばない。

いままでの、ありのままの自分が許されない世界とは違った世界である。

要するに生まれてからいままで成長してきた世界とはまったく違った世界に接した気持ちになる。

そこで、言うべきことだから頑張って言うのではなく自然と言っている。そうして長い間に溜まった感情が吐ければ、そこはその人にとって心理的な成長の場である。

自分が防衛的な態度になっていない、そういう場が心理的成長の場である。

それはその人が生産的な心構えになっているときである。

心が防衛的な態度になっているときには、「意識の死角」がある。

車の運転でも、〝死角〟が原因で事故が起きる。

カレン・ホルナイも「personal blind spots」という言葉を使っている。(18)

その車にたくさんの死角があるのに、平気でその車を運転している人がいる。事故を起こすのは当たり前のことである。

それと同じで、無意識にいろいろな問題を抱えて、社会の中で生きている人がいる。心の死角が多い人である。人間関係で問題を起こすのは当たり前のことである。

悩んでいる人は皆、自己中心的であるという。山登りをしている。喉が渇いた。誰も水をくれない。「なんで自分だけがこんなに苦しいのだ」と思う。悩んでいる人は「自分だけが水を飲めない」と思う。でも山に登るときは誰もがそうなのだ。それよりもこの先、誰も水をくれないかもしれない。

だって、まわりの人はもっと苦しいかもしれないのだから。水は自分で探して飲むしかない。

苦しんでいるあなたは山道の下から聞こえる谷川の音を聞くのを忘れていないか。耳を澄まして、視点を変えてごらん。

こうして視点を増やせば救われると私たちは思う。

しかしその簡単なことがなかなかできない。パラダイム・シフトで人は救われる。しかしそのパラダイム・シフトを妨害するものが、その人の無意識の中にある。素直に生きてこなかった自分が気がついていないものがある。

「つらい！　苦しい！」と言っている人は生きる道はひとつしかないと思っている。もっとたくさん生きる道はある。

それに気がつくことを拒否しているのは、その人の無意識である。

「もっとたくさん生きる道はある」と気がつくことは、同時に認めたくない感情に気がつくことになるからである。

「生きる道はひとつしかないと思ってしまう」のは、無意識に問題を抱えているからである。

なぜ私は「生きる道はひとつしかないと思ってしまう」のか？

そう考えれば、「今まで自分で生きる道を選んでいなかった」と、気がつくかもしれない。自分の無意識に気がつくかもしれない。

問題を抱えた無意識にしがみついている限り未来はない。


欠乏動機から積極的動機へ進むことが人生最大の課題である。

それは自発性の育成である。ひとりではなかなか難しい事業であるが、その大事業なしに人生の諸問題は解決できない。

自発性の育成とは、依存心から自立心への道であり、退行欲求から成長欲求へという道である。

フロムの言う衰退の症候群から成長の症候群への道である。

依存と自立の葛藤は、退行欲求と成長欲求の葛藤である。

そしてこの葛藤を処理できないのが、神経症である。

マズローが自己実現している人は矛盾に耐えられるということは、この葛藤に耐えられているということである。そういう人は神経症ではない。

そうした意味で疑似成長はまさに神経症である。

疑似成長とは「満たされていない欲求をやりすごすことによる成長」である。

「人が満たされていない基本的欲求を、実際には満たされているかそれとも存在しないかのように、自ら確信しようとする場合に、きわめて一般的に生じるものである。[19]」

疑似成長も病的正常性も、心理的に無理している。その無理が限界を超えて、防衛の瓦解が起きる。

人生最大の課題は、自分の運命を受け入れること。そして立ち上がること。

それは現実逃避から現実へ直面すること。

あとがき

自分の人生に失望していることにバカらしくなってほしい　いまとは違うもっともっと広い世界があることに気づいてほしい

この本では多くの心の問題を考えてきたが、もっと言えば心の核の部分の未完成を中心に考えてきた。

なぜ未完成なのか？　そこには「無意識」の問題がある。そのことを理解しながら人生を最後までしっかりと生き抜くために、どういう態度が必要なのか、どういう道を歩めばよいのかを考えた。

この本を読んで、自分の人生に失望しているのがバカらしくなってほしい。

たとえ自分に失望していても、視点を変えれば、希望の人生になる。

いままで自分が小さな、小さな世界に、閉じ込められていた。あるいは自分で自分を閉じ込めていたことに気がついてほしい。
いまとは違うもっと広い自由な世界がある。

自分の無意識に気がつくためには、自分が成長してきた環境を、恐れることなく見つめることである。

この本は自分の無意識に気がつくための本であり、同時にいままでの人間関係を乗り越える本でもある。

自分の人格の再構成をするための本でもある。
あまりにも厳しい運命に自分が壊れそうになるときに、正面から不安に立ち向かって乗り越えるための本である。

不安に飲み込まれそうになったときに、自分の無意識に怒りがあることに気がつき、怒りを表面化することで、不安は乗り越えられる。
怒りの適切な処理は人生最大の課題である。
怒りを表面化することで、失うものがある。しかしその失うものは、失うことで人

自分の人生に失望していることにバカらしくなってほしい
いまとは違うもっともっと広い世界があることに気づいてほしい

は幸せになるものである。

恨まれることを恐れないで、自分自身になる。ここでその人は鍛えられる。ここでその人の心が成長する。

ここで怯《ひる》んで、怒りを抑圧し、自己喪失しては、逆に相手に舐められる。

不安に立ち向かえないのは、まだ自我が確立していないからである。自分自身になっていないからである。

自分を失って皆に受け入れられてなにになるのか？

怒りは依存心と不安から生じる。

小さいころから自分はどのような空気を吸って成長してきたのか？

憎しみの空気を吸って成長してきたのか、愛の空気を吸って成長してきたのか？

それに気がついて青ざめる人もいるかもしれない。酷い人に囲まれて成長してきたことに気がついて、自分の心の未完成さに青ざめるかもしれない。

しかしそのときは、青ざめるのではなく、逆である。

その愛の仮面を被ったサディズムに囲まれて、私はそれに耐えて、よく頑張ってここまで生きてきた、自分をそう褒めてよい。

この本はそれを褒め称える本である。

よくもあんな酷い人たちに囲まれて、無意識に怒りを溜め続けながらも、よく今日まで心が変にならないで生きてきたという感慨である。

悪い人間関係は不幸の原因であり、不幸は悪い人間関係の結果である。そしてこの原因と結果は逆でもある。悪い人間関係は不幸の結果であり、不幸は悪い人間関係の原因である。

とにかく悪い人間関係という地獄の中で今日までなんとか生きてこられた。これはどんなに評価しても、評価しすぎることはない。

この本は本当の自分を肯定するための本である。

◆「あるがままの自分」そのままで、生きていけば良い

もしもあなたがいまノイローゼなら、ノイローゼになっていることを否定しないこ

とである。

ノイローゼから立ち直ってしっかり生きた人を参考にして自分も生きればいい。

「私はノイローゼでもいい」、そう思うことから出発する。

「私はノイローゼ」などと分かることは素晴しいことである。

自分は神経症ではないと言い張って、原因も分からずに無気力に苛まれている人がたくさんいるのだから。


もしあなたが嘘つきなら嘘つきでいい。

嘘つきをなおせばいい。それだけ長いことストレスの強い環境で生きてきたのである。

「私はなんで嘘つきなのだろう?」「私はなんで嘘つきになったのだろう?」と、考えていけばいいのである。

その原因は必ず分かる。たとえば小さいころからずるい人に利用されながら、奴隷のような環境の中で生きてきたとか。

「私は嘘つきだ、卑怯だ、だから駄目だ」と自己否定してしまったら、生まれてきた意味がない。

もし自分が嘘つきなら嘘つきでいい。人生が行き詰まる人は、「私は嘘つきでない」と言い張る人である。

私は美人でない、と劣等感を持つ人がいる。

私は美人でないけれど、いいところもあると明るく生きる人もいる。

自分は美人でないと劣等感を持つ人が、美人なんて価値がない、私は頭がいいと言い張って明るく生きようとしても生きられない。その人の無意識で美人が唯一の価値ではなくなったときに、パラダイム・シフトがおきる。

パラダイム・シフトの原因が「無意識」にあるというのがこの本の主張である。

◆「努力すればするほど苦労する」法則

23頁に意識と無意識の乖離《かいり》の具体的な例について書いたが、あとがきの最後に、同じように意識と無意識の乖離の例を書きたい。

人は突然、実存的欲求不満になるわけではない。

長い自己疎外の歴史の後で実存的欲求不満になる。

抑圧的対処者は、次第に自分の本当の感情を意識する能力を失ってくる。


まず、フロイデンバーガーの『燃え尽き症候群』という著作に載っているマルサの症例である。

素敵な30代後半の女性。若い男性と恋に落ちて、エレンという6歳の娘を置いて、カルフォルニアに行こうとする。

なんで彼女はこんな馬鹿なことを考えたのか？

「働きたい、キャリアウーマンとして成功していた自分のイメージを大切にしたい。仕事を続けたい」

彼女はそう考えていた。

子どもが生まれて夫に母となることを求められる。彼女にはそれが正しいことと思えた。彼女は小さいころから驚くほど従順だった。

彼女は長い間、自分の本当の感情に触れてこなかった。心の奥底には抑圧された怒りが凄まじかった。自分では気がついていないが、心の奥底には怒りが渦巻いていた。

その結果、彼女は無感覚になった。物事に鈍感になった。

彼女の心は無感情に侵されていた。仕事もどうでもよくなった。

そこに、この恋が生まれたのである。

不満であり、怒りであり、働きたいという願望が入り混じっている。

彼女は意識の上では自分の人生にはなにも悪いことはないと思っている。しかし無意識の領域では、自分の人生に失望している。

彼女の意識と無意識は矛盾乖離している。

彼女は「働きたい」という強い感情を「正しいこと」をするために否定した。

自分は意識の領域では働きたいと望んでいないと思っていた。自分には働きたいという願望はないと思っていた。

しかし無意識の領域では、働きたいと望んでいた。

「いいこと」をするために自分の自然な願望を否定していた。

自分の人生に失望していることにバカらしくなってほしい
いまとは違うもっともっと広い世界があることに気づいてほしい

最後にもうひとつ。

アメリカで『Codependent No More』という本がベストセラーになった。その本にジェシカという女性の話が出てくる。彼女の父親はアルコール依存症であった。Codependent（共依存）の人は、このアルコール依存症の大人がいる家庭などのように家庭としての機能を失った家庭から生まれる。

彼女も共依存の人なのである。とにかく彼女は父親のアル中で悲惨な思いをしているので結婚相手に、そうでない人を慎重に選ぼうとする。アルコール依存症でない男を選ぼうと必死で試みた。しかしそれにもかかわらず、新婚旅行で夫のフランクがアルコール依存症であることが分かる。夫のフランクは午後遅くホテルを出た。そして翌朝6時半までホテルに戻らなかった。アルコール依存症であった。

彼女はこの結婚に多くのことを期待した。彼女はこの結婚に多くのことを夢見た。しかし夢はなにも実現しなかった。

ではなぜ彼女はアルコール依存症でない人と結婚しようと思いながらも、アルコール依存症の男に惹かれてしまうのであろうか。

人はこのような話を聞くと「そんなバカな」と思ったり、「私はそんなバカなことをしない」と思ったりする。しかし多くの人はやはりジェシカと同じ過ちをしているのである。

アルコール依存症者とその配偶者は、離婚をしても、その配偶者は50％の確率でアルコール依存症者と再婚する[1]。

アルコール依存症の夫と離婚するときに妻はアルコール依存症の人とは生涯かかわりたくないという。しかし再婚してみると、相手はまたアルコール依存症。そういう人が半分である。

実は「生涯かかわりたくない」と言いながら、そういう人といる方が、そのときそのときは心理的に楽なのである。

心の病んだ人は心の病んだ人といる方が、その瞬間、心理的に楽である。

離婚するときもその後も、意識では「もう、ひとりで生きる、死んでもアルコール依存症の人は嫌だ」であっても、無意識では、アルコール依存症の人が好きである。

その人の無意識の領域が変わらない限り、何度結婚しても同じことである。それは会社を何度変わっても同じことを繰り返しているビジネスパーソンに似ている。次々に会社を変わって最後は引きこもる人と同じである。

よく離婚で「性格の不一致」というのが言われる。しかしそんなことはほとんどない。

隠された自我の未確立が、離婚という現象に表われただけである。

その人の無意識の領域に隠されていた自我の未形成という本質が、人間関係に表われたのだ。

抑圧とは衝動の自覚が抑圧されるもので、衝動そのものが抑圧されることを意味するものではない。

抑圧はその衝動を意識から除くことを意味するけれども、その存在を抹殺することを意味するものではない。

フロイドは、抑圧された衝動が本人は意識しないけれど、なお働き続けてその人に深甚な影響を与えると言う。抑圧された衝動が人に与える影響は、それが意識されている場合より、必ずしも少なくはないのである。

離婚するのは良いが、その人自身が変わらないで再婚しては同じである。変わるということは「自己の内なる力」を身につけられるかどうかである。同じように自己執着の強い人のままで再婚しても、再就職しても、同じ挫折を繰り返すだけである。

会社を人間関係でやめて、次の会社に行っても、その人のまわりに集まる人は同じ種類の人である。

偶然とか運とかということに逃げてはいけない。「偶々《たまたま》そうなった」と解釈している限り新しい人生は拓けない。

無意識の領域で敵意を持ちながら、心のふれあいとしてのコミュニケーションはできない。

無意識の領域での敵意がコミュニケーション能力を破壊し、それが身体の健康を害する結果になる。

そういう人も意識の領域では「親しい人がほしい」である。しかし無意識の領域には敵意がある。

そして、自分の心の葛藤が、いまの自分の人間関係に表われていることに気がつかない。

人間関係は努力して上手く行くものではない。心の葛藤が深刻なら深刻なほど、努力は裏目に出る。

努力すれば努力するほど、問題は深刻化する。

「こんなに努力しているのに」とさらに不満になる。

生涯不幸な人生を送った人で、心の持ち方だけで幸せな人になれた人はたくさんいた。この本ではそれを書きたかった。

加藤諦三

註釈

■はしがき

(1) Karen Horney edited by Douglas H. Ingram, "Final Lectures", W.W. Norton & Company, Inc., 1987
(2) Karen Horney, "Neurosis and Human Growth", W. W. Norton & Company, Inc., 1950, P.57

■1

(1) Karen Horney, "The Unknown", Yale University Press, 1936, P.320
(2) Karen Horney edited by Douglas H. Ingram, "Final Lectures", W.W. Norton & Company, Inc., 1987, P.86
(3) Isidor Chein, Donald L. Gerard, Robert S. Lee, and Eva Rosenfeld, "The road to H." , Basic Books, 1964, PP.212-213
(4) Karen Horney, "Neurosis and Human Growth", W. W. Norton & Company, Inc., 1950, P.45

■2

(1) Beran Wolfe, "How To Be Happy Though Human", Farrar & Rinehart, 1931, P183
(2) ジグムンド・フロイド、井村恒郎訳『フロイド選集〈第4巻〉「自我論」』日本教文社、1971年、139頁
(3) Karen Horney, "Neurosis and Human Growth", W. W. Norton & Company, Inc., 1950, P.56
(4) 前掲書、P.57
(5) デニス・ウェイトリー、加藤諦三訳『自分を最高に活かす』ダイヤモンド社、1989年、49頁

■3

(1) ジョージ・ウェインバーグ、加藤諦三訳『プライアント・アニマル』三笠書房、1981年、106頁
(2) 前掲書、105頁

■4

(1) Karen Horney, "Neurosis and Human Growth", W. W. Norton & Company, Inc., 1950, P.59
(2) ジグムンド・フロイド、吉田正己訳『フロイド選集〈第6巻〉「文化論」』日本教文社、1970年、27頁
(3) ジョージ・ウェインバーグ、加藤諦三訳『プライアント・アニマル』三笠書房、1981年、121頁
(4) デヴィッド・シーベリー、加藤諦三訳『問題は解決できる』三笠書房、1984年、157頁
(5) Rollo May, "The Meaning of Anxiety", W.W. Norton & Company, Inc., 1977, P.40

■5

(1) Herbert J. Freudenberger, Geraldine Richelson, "Burn out", Bantam Books, 1981, P.43
(2) ロロ・メイ、小野泰博訳『不安の人間学』誠信書房、1963年、174頁
(3) Karen Horney, "Neurosis and Human Growth", W. W. Norton & Company, Inc., 1950, P.195

■6

(1) エーリッヒ・フロム、加藤正明訳、佐瀬隆夫訳『正気の社会』社会思想社、1958年、47頁
(2) ドロシー・ロー・ノルト、加藤諦三訳『アメリカインディアンの教え　令和新装版』扶桑社、2020年
(3) Karen Horney, "Neurosis and Human Growth", W. W. Norton & Company, Inc., 1950, P.59

■7

(1) Karen Horney, "Neurosis and Human Growth", W. W. Norton & Company, Inc., 1950, P.18
(2) アブラハム・H・マスロー、上田吉一訳『完全なる人間』誠信書房、1964年、81頁
(3) 前掲書、83頁
(4) 前掲書、84頁
(5) デヴィッド・シーベリー、加藤諦三訳『自分に負けない生き方』三笠書房、1981年、33頁

■8
(1) Erich Fromm, “Escape from Freedom”, Avon Books, 1965, P.200
(2) Karen Horney, “Neurosis and Human Growth”, W. W. Norton & Company, Inc., 1950, P.187
(3) Kathleen Stassen Berger, “The Developing Person Through the Life Span” Worth Publishers Inc., 1988, P385
(4) デヴィッド・シーベリー、加藤諦三訳『問題は解決できる』三笠書房、1984 年、17 頁

■9
(1) Aaron T. Beck , “Depression” University of Pennsylvania Press, 1967, P.67
(2) 前掲書、P.16

■10
(1) ジョージ・ウェインバーグ、加藤諦三訳『プライアント・アニマル』三笠書房、1981 年、99 頁
(2) 前掲書、121 頁

■11
(1) ヴィクトール・フランクル、霜山徳爾訳『フランクル著作集〈第 5〉神経症』みすず書房、1961 年、40 頁
(2) ヴィクトール・フランクル、宮本忠雄訳、小田晋訳『フランクル著作集〈第 6〉精神医学的人間像』みすず書房、1961 年 60 頁
(3) Karen Horney, “Neurosis and Human Growth”, W. W. Norton & Company, Inc., 1950, P.15
(4) ダニエル・ゴールマン、土屋京子訳、『EQ ～こころの知能指数』講談社、1996 年、78 頁

■12
(1) Karen Horney, “Neurosis and Human Growth”, W. W. Norton & Company, Inc., 1950, P.49
(2) エレン・ランガー、加藤諦三訳『心の「とらわれ」にサヨナラする心理学』PHP 研究所、2009 年、253 頁
(3) 前掲書、253 頁
(4) Frieda Fromm-Reichmann, “Principles of Intensive Psychotherapy”, University of Chicago Press , 1950, P.4
(5) ジョージ・ウェインバーグ、加藤諦三訳『プライアント・アニマル』三笠書房、1981 年、82 頁
(6) Manès Sperber, translation by Krishna Winston, “Masks of Loneliness: Alfred Adler in Perspective”, MacMillan Publishing Company, 1974, P.180
(7) Frieda Fromm-Reichmann, “Principles of Intensive Psychotherapy”, University of Chicago Press, 1960, P.65
(8) ロロ・メイ、小野泰博訳『不安の人間学』誠信書房、1963 年、184 頁
(9) エレン・ランガー、加藤諦三訳『心の「とらわれ」にサヨナラする心理学』PHP 研究所、2009 年、114 頁
(10) デヴィッド・シーベリー、加藤諦三訳『心の悩みがとれる』三笠書房、1983 年、40 頁
(11) 前掲書、150 頁
(12) デヴィッド・シーベリー、加藤諦三訳『問題は解決できる』三笠書房、1984 年、17 頁
(13) Karen Horney edited by Douglas H. Ingram, “Final Lectures”, W. W. Norton & Company, Inc., P.66
(14) 前掲書、P.39
(15) 前掲書、P.86
(16) 前掲書、p.85
(17) デヴィッド・シーベリー、加藤諦三訳『心の悩みがとれる』三笠書房、1983 年、186 頁
(18) Karen Horney edited by Douglas H. Ingram, “Final Lectures”, W. W. Norton & Company, Inc., P.22
(19) アブラハム・H・マズロー、上田吉一訳『完全なる人間』誠信書房、1964 年、89 頁

■あとがき
(1) 安田美弥子『アル中家庭と子供 たち』太陽出版、1994 年、45 頁

あなたは、あなたなりに生《い》きれば良《よ》い。

著　者——加藤諦三（かとう・たいぞう）

発行者——押鐘太陽

発行所——株式会社三笠書房

〒102-0072 東京都千代田区飯田橋3-3-1
電話：(03)5226-5734（営業部）
：(03)5226-5731（編集部）
https://www.mikasashobo.co.jp

印　刷——誠宏印刷

製　本——若林製本工場

編集責任者　本田裕子
ISBN978-4-8379-2836-2 C0030
© Taizo Kato, Printed in Japan
＊本書のコピー、スキャン、デジタル化等の無断複製は著作権法上での例外を除き禁じられています。本書を代行業者等の第三者に依頼してスキャンやデジタル化することは、たとえ個人や家庭内での利用であっても著作権法上認められておりません。
＊落丁・乱丁本は当社営業部宛にお送りください。お取替えいたします。
＊定価・発行日はカバーに表示してあります。

三笠書房

加藤諦三の本

うつ病は重症でも2週間で治る、もし……

◆「つらい生き方」をやめる心理学

うつ病者本人にも、うつ病者を支える人にも——アドラーが教える「楽しい人生」のすすめ！

うつ病は「努力」では治らない。本書のタイトルは、高名な精神科医、アルフレッド・アドラーが重症のうつ病者に述べた言葉から引いている。アドラーのこの〝言葉〟こそが、回復のきっかけになる！

感情を出したほうが好かれる

◆あなたの弱点を隠すな

知的生きかた文庫

人は、弱点を隠そうとしない人を好きになる！

好かれるための努力で嫌われる人は多い。なぜ相手の気持ちにばかり気をとられて自分らしく生きられないのか。「こうあるべき自分」は今すぐ捨てたほうがいい。そんな努力はムダである。もっと自信をもって「自分の人生」を生きたいと望む人に贈る本。

「自分の心」をしっかり守る方法

◆「くやしさ」「悩み」「モヤモヤ」が消えていく

知的生きかた文庫

「傷つきやすい生き方」と訣別する！

大声でごねる「自分勝手な人」、人を思いどおりに利用する「傲慢な人」、無遠慮な言葉で相手を傷つける「失礼な人」……彼ら／彼女らにどう反撃すればいいのか——？繊細な心の中に、強く、しなやかでぶれない「自己肯定感」を高める方法！

T30350